Die Werke

Hartmanns von Aue.

IV.

Gregorius.

Herausgegeben

von

Hermann Paul.

Zweite Auflage.

———————

Halle a. S.

Max Niemeyer.

1900.

Altdeutsche textbibliothek, herausgegeben von H. Paul.
No. 2.

Einleitung.

Hartmanns Gregorius oder, wie der dichter selbst sein werk bezeichent (z. 175), die geschichte von dem guten sünder behandelt einen legendenstoff. Im eingange bereut der dichter seine früheren weltlichen dichtungen. Man möchte danach meinen, dass die abfassung des werkes nicht bloss nach der des Erec fallen muss, was zweifellos ist, sondern auch nach der des Iwein. Indessen bleibt doch die möglichkeit, dass die abkehr des dichters von weltlichen stoffen nur aus einer vorübergehenden stimmung entsprungen ist, wodurch eine spätere rückkehr zu denselben nicht ausgeschlossen war. Man kann sich dafür auf das beispiel Rudolfs von Ems berufen, der, nachdem er in seinem Barlaam 5, 10 darüber geklagt hat, dass er die leute *mit trügelichen mæren* betrogen habe, doch später einen Wilhelm von Orlens gedichtet hat. Es lässt sich daher aus der stellung, wie sie Hartmann hier zur weltlichen dichtung einnimmt, kein entscheidender grund entnehmen gegen die vor dem bekanntwerden der einleitung aufgestellte und noch jetzt herrschende ansicht, dass der Gregorius älter sei als der Iwein.[1]) Diese stützt sich auf sprach-

[1]) Die ansicht, dass der Gregorius nach dem Iwein verfasst sei, wird vertreten von Saran, Hartmann v. Aue als Lyriker und Über Hartmann v. Aue (Beiträge 23, 1. 24, 1), die entgegengesetzte ansicht zuletzt durch Zwierzina, Beobachtungen zum reimgebrauch Hartmanns und Wolframs (Abhandlungen zur germanischen Philologie, Festgabe für Heinzel, s. 437).

**

liche und stilistische beobachtungen. Es ergibt sich
daraus aber kein so merklicher abstand zwischen Gregorius
und Iwein, als zwischen diesen beiden werken und dem
armen Heinrich einerseits und dem Erec anderseits.

Die quelle Hartmanns[1]) war ein französisches ge-
dicht, welches uns in fünf handschriften erhalten ist, die
zwei stark von einander abweichende recensionen dar-
stellen. Die recension A liegt vor in einer hs. in Tours[2]),
einer in der Nationalbibliothek und einer in der Arsenal-
bibliothek zu Paris; die recension B in einer hs. der
Arsenalbibliothek zu Paris[3]) und einer anderen im Britischen
Museum.[4]) Zur beurteilung des verhältnisses müssen
noch die sonstigen bearbeitungen hinzugezogen werden,
die aus dem französischen gedichte geflossen sind. Hier-
her gehört namentlich ein englisches gedicht, welches
in drei bedeutend von einander abweichenden hand-
schriften überliefert ist[5]), ferner eine lateinische stark
gekürzte prosabearbeitung in den Gesta Romanorum

---

[1]) Ueber diese und über die weitere verbreitung der
sage vgl. ausser den in meiner grösseren ausgabe angeführten
schriften noch Comparetti, Edipo e la Mitologia comparata,
Pisa 1867, s. 87 ff.; d'Ancona, La leggenda di Vergogna e la
leggenda di Giuda, Bologna 1869; Creizenach, Judas Ischarioth
in Beitr. z. gesch. d. deutschen spr. II, 177; Külbing, Beiträge
zur vergleichenden geschichte der romantischen poesie und
prosa des [mittelalters, Breslau 1876, s. 42; Smith, Oedipus-
mythen paa slavisk Grund, in der Tidskrift for Filologi og
Pædagogik, Ny Række, Bd. 3, s. 114; V. Diederichs, Russische
verwandte der legende von Gregor auf dem steine und der
sage von Judas Ischarioth, in der russischen Revue, Bd. XVII,
s. 119 (Petersburg 1880); Constans, La légende d'Oedipe.
Paris 1881. s. 95 ff. (ohne selbständigen wert); Neussell, Ueber
die altfranzösischen, mittelhochdeutschen und mittelenglischen
bearbeitungen der sage von Gregorius. diss. Halle 1886; Seelisch,
Die Gregoriuslegende (Zschr. f. deutsche philol. 19, 385).
[2]) Veröffentlicht von Luzarche, Tours 1856.   [3]) 100
verse daraus bei Luzarche.   [4]) Auszugsweise mitgeteilt
von H. Bieling, Ein beitrag zur überlieferung der Gregorius-
legende. Jahresbericht der Sophienrealschule in Berlin 1874.
[5]) Herausgegeben ist das Auchinleck ms. in den Legendae
Catholicae von Turnbull und von Schulz, Die englische
Gregoriuslegende nach dem Auchinleck Ms., Königsberger
doctordissertation 1876; das Vernon ms. von Horstmann in

(cap. 81)[1]) und eine koptische bearbeitung in welcher der held Johannes heisst und nicht pabst, sondern patriarch wird, die aber sonst alle hauptzüge bewahrt[2]). Der von Hartmann benutzte französische text gehörte zur recension B, während der englischen bearbeitung A zu grunde liegt. Das verhältniss des dichters zu seiner quelle ist ein viel freieres als das im Iwein, freier auch als das im Erec. Doch berühren seine veränderungen nirgends wesentliche punkte der erzählung und lassen sich der hauptsache nach zurückführen auf das streben nach einschränkung in der schilderung des äusseren détails und nach genauerer darstellung der seelenzustände und der motive der handelnden personen.

Aus Hartmanns gedicht sind wider mehrere bearbeitungen geflossen. Zunächst zwei lateinische. Die eine in kurzen reimpaaren, nach deutscher weise ge-

---

Herrigs Archiv f. neuere spr., bd. 55, s. 407; das Cotton ms. von dems. ib. bd. 57, s. 59. ¹) Anders wird das verhältniss von Seelisch gefasst (a. a. o. s. 400). Wahrscheinlich aus den Gesta Rom. geflossen sind zwei spanische behandlungen der sage, die fünfte novelle in dem Patrañuelo des Juan de Timoneda (erschienen 1576), in welcher die heirat zwischen sohn und mutter zur rechten zeit verhindert wird (vgl. d'Ancona a. a. o. s. 54 und Köhler, Germ. 15, 287); und das mit vielen willkürlichen zutaten vermengte drama des Matos Fragoso 'El marido de su madre' (vgl. Köhler, Germ 15, 286). Ferner drei italienische, ein zu Venedig 1806 gedrucktes volksmässiges gedicht (vgl. d'Ancona s. 64) und zwei nach mündlicher überlieferung aufgezeichnete märchen, ein toscanisches (mitgeteilt von Knust in Eberts Jahrb. f. romanische litt. VII, 398) und ein sicilisches (bei Gonzenbach, Sicilische märchen, Leipzig 1877, s. 134). Alle drei haben das miteinander gemein, dass eine übertragung in bürgerliche verhältnisse stattgefunden hat, und dass der vater am leben bleibt und an der busse teil nimmt. Der name Gregorius erscheint in ihnen nicht mehr, aber Crivolin im sicilischen märchen erinnert noch daran. Die Gesta Romanorum sind auch ins polnische und daraus in das russische übertragen (vgl. Diedrichs s. 128). Aus der letzteren schon vom originale vielfach abweichenden übertragung ist dann eine noch freiere bearbeitung der legende in russischer sprache entstanden (vgl. ib. s. 130 und Smith, s. 127).   ²) Vgl. R. Köhler, Germania 36, 198.

messen, von dem bekannten Arnold von Lübeck[1]) schliesst
sich eng an Hartmann an. Die andere in hexametern
und im stile des Ovid[2]) ist viel freier und kürzer ge-
halten. Auf Hartmann beruht ferner die deutsche prosa-
bearbeitung in Der heiligen leben.[3]) Dieselbe ist später
mehrfach in abgekürzter gestalt verbreitet, auch ins
schwedische übersetzt.[4])

Nahe verwandt mit der Gregoriuslegende ist die
bulgarische legende von Paulus von Cäsarea[5]), die in
einer hs. des siebzehnten jahrhunderts erhalten ist, und
zwei serbische volkslieder von dem findling Simeon[6]).
Die übereinstimmung in allen wesentlichen zügen ist
unverkennbar. Doch fehlt die befreiung der mutter aus
drangsal und die erhebung zum pabst, und die fest-
schliessung des Gregorius geschieht nicht durch einen
frivolen fischer, sondern durch einen geistlichen, der dem
unfreiwilligen sünder seine busse auferlegt, in den volks-
liedern durch den abt, der den Simon erzogen hat, in
der legende durch den heiligen Chrysostomus. In den
volksliedern fehlt auch die abstammung von geschwistern,
wahrscheinlich aber nur in folge einer verdunkelung
der überlieferung. Diese fassung der sage könnte mit
dem französischen gedichte aus der selben alten quelle
geflossen sein, welche die erhebung zum papste und
die anknüpfung an den namen Gregorius noch nicht
gekannt hätte. Aber eine indirecte ableitung aus dem
französischen gedichte ist gleichfalls möglich und nicht
unwahrscheinlich, zumal da die quellen so jung sind

---

[1]) Hrsg. von G. v. Buchwald, Arnoldi Lubecensis Gre-
gorius peccator, Kiel 1886. Früher waren davon nur 36 zeilen
bekannt, veröffentlicht von Leo in den Blättern f. literarische
unterhaltung 1837, s. 1431, auch bei Lippold, s. 3.   [2]) Heraus-
gegeben von Schmeller in der Zschr. f. deutsches alter-
tum II, 486.   [3]) Herausgegeben von Zingerle, Von sant
Gregorio auf dem Stain und von Sand Gerdraut. Inns-
bruck 1873, in überarbeiteter gestalt von Martens in einem
progr. von Tauberbischofsheim 1883.   [4]) Vgl. Köhler,
Germania XV, 284.   [5]) Vgl. Köhler, Germ. XV, 288.
[6]) In der sammlung von Vuk II, 7, 37, das eine übersetzt
von Talvy (I, 139, 2. ausg. I, 71), das andere von Gerhard
in der Wila (I, 226).

und eine verbreitung der französischen sage über slavisches gebiet sonst nachweisbar ist.

Weiter ab stehen die legenden von Albanus und von Vergogna. In beiden folgt gleichfalls eine unwissentliche blutschande aus einer wissentlichen und wird durch eine ausserordentliche busse gesühnt. Die erste wissentliche blutschande wird aber nicht von bruder und schwester, sondern von vater und tochter begangen. In den einzelheiten der entwickelung weichen beide sagen sowol von der Gregoriuslegende als unter einander erheblich ab[1]).

Noch ferner steht die legende von Judas Ischarioth. Hier wird die aussetzung, die im übrigen der in der Gregoriuslegende ähnlich ist, durch einen unheilverkündenden traum veranlasst. In die heimat zurückgekehrt tötet Judas bei einem diebstahle seinen vater und heiratet seine mutter. Nach entdeckung der verwandtschaft begibt er sich, um sich von der sünde zu reinigen, unter die jünger Jesu.

Bei der Judaslegende kann es kaum zweifelhaft sein, dass sie aus der Oedipussage abgeleitet ist. Nicht erweislich ist das bei der Gregoriuslegende und ihren näheren verwandten, da die übereinstimmung in dem einen motiv der heirat zwischen mutter und sohn nicht ausreicht, um einen historischen zusammenhang wahrscheinlich zu machen[2]). Neuerdings ist eine legende bekannt geworden, welche einige züge mit der von Judas, andere mit der von Gregorius gemein hat. Sie findet sich mit mannigfachen variationen in einer russischen sammelhandschrift aus dem 17. jahrh.[3]) und in mehreren

---

[1]) Zweifelhaft ist es, ob verschiedene sonstige erzählungen von incesten, die von d'Ancona, von Dunlop-Liebrecht, Geschichte der prosadichtung s. 289 und anm. 368ᵃ und von Seelisch a. a. o. s. 410 ff. besprochen sind, mit der Gregoriuslegende in zusammenhang stehen. [2]) Gegen diese ableitung wenden sich Comparetti s. 88 und Seelisch, s. 385. Aus einer verstümmelten gestalt der griechischen sage sucht Lippold s. 52 die Gregoriuslegende abzuleiten. Nichts über das historische verhältniss ergibt sich aus der schrift von A. Heinze, Gregorius auf dem steine, der mittelalterliche Oedipus (Programm des gymnasiums zu Stolp 1877). [3]) Vgl. Diedrichs s. 131, Smith s. 129, Seelisch, s. 416.

aus mündlicher überlieferung in Russland und im finnischen
Karelien aufgezeichneten erzählungen[1]). Der held heisst
wenigstens in einigen fassungen Andreas. Die entwicke-
lung stimmt zunächst in den wesentlichsten zügen mit
der Judaslegende. Eine noch grössere übereinstimmung
mit der Oedipussage findet darin statt, dass direct ge-
weissagt wird, Andreas werde den vater erschlagen und
die mutter heiraten. Es folgt dann aber eine busse die
mit der des Gregorius nahe verwandt ist und noch
näher mit der des Paulus von Cäsarea. Auch dass
Andreas zum schluss bischof von Kreta wird, erinnert
an Gregorius. Man könnte danach versucht sein etwa
folgende entwickelungsscala der sage aufzustellen: Oedipus
— Judas — Andreas — Paulus von Cäsarea — Gregorius,
immer unter dem vorbehalt, dass in jeder von diesen
sagen einzelne züge erst nach ableitung der nächsten
stufe ausgebildet sind. Indessen bei der jungen über-
lieferung der Andreaslegende wäre es gewagt, dies ab-
stammungsverhältniss so bestimmt zu behaupten. Viel-
leicht ist dieselbe nicht als eine zwischenstufe, sondern
als eine contamination der legende von Judas und der
von Paulus von Cäsarea anzusehen.

Hartmanns Gregorius bezeichnet einen merkwürdigen
wendepunkt in der geschichte der höfischen erzählenden
dichtung. Er ist auf diesem gebiete die erste äusserung
einer reaction der geistlichen interessen gegen die des
weltlichen rittertums innerhalb der ritterlichen kreise
selbst. Daraus entspringt eine übertragung der in den
ritterepen ausgebildeten darstellungsmanier auf religiöse
stoffe. Der Gregorius ist das erste muster einer höfischen
legende, welches dann direct oder indirect von Konrad
von Fussesbrunnen, Konrad von Heimesfurt, Rudolf von
Ems und weiterhin von einer ganzen schar von dichtern
nachgeahmt ist.

Der text des Gregorius liegt uns jetzt in vier
annähernd vollständigen handschriften vor, einer per-
gamenths. des 13. jahrh. im Vatican (*A*) und drei

---

[1]) Vgl. Diedrichs s. 138 ff., Smith s. 120.

papierhss. in Wien (E), Berlin, aus Spiez stammend
(J) und Konstanz (K). Den beiden ersteren fehlt aber
die einleitung. Dazu kommt eine sehr lückenhafte hs.
in Erlau (G) und mehrere fragmente (C, D, H), sowie
die zitate aus einer verlorenen hs. im Glossarium Ger-
manicum von Scherz-Oberlin (B). Nicht ohne bedeutung
für die kritik sind auch die prosabearbeitung (F) und
die lateinische übersetzung von Arnold.

Dieses material ist erst nach und nach bekannt
geworden und für die kritik verwertet. Zuerst ver-
öffentlichte Greith 1838 in seinem Spicilegium Vaticanum
s. 180 ff. einen nicht fehlerlosen abdruck von A. Gleich
darauf lieferte Lachmann eine textherstellung (Berlin 1838),
für die ausser dem Greithschen abdruck E C B und F
(nicht in ursprünglicher gestalt) verwertet wurden. Für
das variantenverzeichniss dazu (Zschr. f. deutsches altert.
V, 32 ff.) konnte auch D benutzt werden. G wurde erst
von Pfeiffer in seinem Quellenmaterial (1867) veröffent-
licht und konnte von Bech in seiner ausgabe mit erklä-
renden anmerkungen (Deutsche classiker des mittelalters,
bd. 5 Leipzig 1867) verwertet werden, für die zweite
auflage (1873) auch eine collation der hs. A von Bartsch
(Germ. 14, 239) und die veröffentlichung von H durch
Schröder (Germ. 17, 28). Das bis dahin bekannt gewordene
material sowie die verschiedenen beiträge zur texther-
stellung fasste ich in meiner kritischen ausgabe, Halle
1873 zusammen. Erst nach dem erscheinen derselben
wurde J entdeckt und von Hidber in den Beiträgen z.
gesch. d. deutschen spr. u. lit. III, 90 ff. zum abdruck ge-
bracht. Daran knüpfte ich bemerkungen zur textkritik
und gab ausserdem eine vorläufige ausbeutung in einem
nachtrage zu meiner ausgabe Halle 1876. In der ersten
auflage dieser kleinen ausgabe (Halle 1882) wurde dann
der text einer durchgehenden revision unterzogen. 1884
lieferte Seelisch eine untersuchung über das handschriften-
verhältniss in der Zeitschr. f. deutsche philol. 16, 257,
1885 Martin bemerkungen zum prolog in der Zschr. f.
deutsches altert. 29, 466. 1889 gab Zwierzina in der
deutschen Literaturzeitung nr. 15 die erste nachricht

über K. Dann veröffentlichte Seegers Neue beiträge
zur textkritik von Hartmanns Gregorius (diss. Kiel 1890),
in denen er den lateinischen text Arnolds und für die
einleitung K auszubeuten suchte. 1893 lieferte Zwierzina
in der Zschr. f. deutsches altert. 37, 129 ff., 356 ff. eine
vollständige collation von K und eine sehr eingehende
untersuchung über das handschriftenverhältniss, sowie
eine darauf gegründete revision des textes. Endlich
gab Erdmann in der Zschr. f. deutsche philol. 28, 47
(1896) bemerkungen zur einleitung.

Zwierzina gelangt zu folgendem ergebniss. Die hss.
zerfallen in zwei hauptgruppen, (A H J und B C E G K),
von denen die erstere im allgemeinen den besseren text
bietet. Die übertragung Arnolds ist von keiner der
beiden gruppen abhängig. F stellt sich bald zu der
einen, bald zu der andern. Innerhalb der ersten gruppe
sind A und H näher unter einander verwandt. Inner-
halb der zweiten stellen sich B C näher zu K, B C K
wider näher zu E als zu G.

Wenn ich nicht in allen einzelheiten der texther-
stellung mit Zwierzina übereinstimme, so beruht dies
nicht auf einer grundsätzlich verschiedenen auffassung
von dem werte und der stellung der hss., sondern auf
sonstigen erwägungen. Trotz der vermehrung des mate-
rials bleiben übrigens immer noch stellen übrig, vor
allem in der einleitung, aber auch sonst, bei denen
die herstellung sehr misslich ist. Mitunter bin ich bei
meinem früheren texte nur stehen geblieben, weil ich
nicht im stande war mich zu einer andern lesung mit
überzeugung zu entschliessen.

In meiner kritischen ausgabe hatte ich die vers-
zählung Lachmanns beibehalten. In der ersten auflage
dieser textausgabe habe ich eine neue zählung eingeführt
mit einbeziehung der einleitung. Ich mochte dieselbe
jetzt nicht wider ändern, wiewohl die zählung der als
echt anzuerkennenden zeilen ein etwas anderes resultat
ergeben würde.

Ich lasse ein verzeichniss der abweichungen von
meinen früheren ausgaben folgen. Die lesarten derselben

stehen hinter dem gleichheitszeichen. Wo nur die eine
von beiden in betracht kommt, sind sie als p^1 und p^2
unterschieden. Für die einleitung bezieht sich p^1 auf
den nachtrag. Abweichungen der schreibweise sind
nicht angemerkt. Dass die änderungen dieser ausgabe
bei weitem zum grössten teile durch die mitteilungen
und untersuchungen Zwierzinas veranlasst sind, sei hier
ein für alle mal bemerkt. Ich habe seinen namen daher
nur angeführt, wo ich eine conjectur von ihm oder einen
vorschlag zur änderung der interpunktion angenommen
habe.

2 dicke K (vnd dicke G) = vil dicke (gar vil vnd
dik J). 5 im diu *Zwierzina* (nū die K) = mir mîniu
(mir min J). 10 diu jugent GK = sîn muot (sin mût-
will J). 11 daz GK = und J. 17 es K = *fehlt J.*
19 êhafte K = grôze und êhafte J. 20 bitterlîche K
= grimme bitter J. 33 anegenges GK = anevanges J.
34 niemer GK = niemer mê J. 39 der K = unser $p^1 J$,
mîner p^2. 40 ringer JK = geringet G. 45 erzeiget K
= erziuget (er zögt J). 46 enwart K = wart (wirt J).
nie mannes *Zwierzina* (nie kaines manes K) = niemens
(niemans J). 50 si K, si die J = sich. 57 sündige
diet K = süntlîche gediet J. 61 diu gotes kint K =
gotes kinder J. 62 selbe (selber K) = selbe ouch J.
63 in K = *fehlt J*; *dafür nach* 64 und sich der sünde
mâze J. 65 der K = diu J. 69 sô tuot er JK = tuot
er danne. gebote, = gebote (*ohne interpunktion*). 70
er K = *fehlt J*. 71 sîn *Zwierzina* (sich K) = ir J.
enruoche, K = enruochet (ruchet J). 72 ob er genâde
suoche K = und gnâde drumbe suochet J. 73 entriuwet
niemer K = niemer triuwet (n. getrüwt J). komen. =
komen: . 75 riuwe. = riuwe (*ohne interpunktion*). 76 daz
ist diu wâre K = und sîne grôzen J. 77 hân: *Zwier-
zina* = hân,. 79. 80 wan diu vil bitter süeze twinget sîne
füeze K = sô wirt der riuwe unsüeze gedrungen under
füeze (so wirt der rüwe süsse vnd tringt zů sinen füssen
J). 81 gemächlîchern K = gemeinlîchen J. 86 er leitet
aber JK = und leitet (vnd leit auf in G). 87 Sô K
= Nû J. 95 ûz K = und J. 96 an K = gît J. 103

aller sîner sinne $K =$ gar alliu diu sînen J. 104 in
$K =$ im J. 108 .. blôz (vngebloss K, vingerblôz *Zwier-
zina*) $=$ sigelôs J. 109 tôt $K =$ für tôt J. 111 ge-
wonlîcher $K =$ gwonlîchen J. 112 sante im $K =$ hete
noch (hát noch J). 113 gedingen $K =$ gedinge J. unde
$K =$ unde oucn J. 115 im ein $K =$ ein J. 116 und
allen $K =$ allen J. 117 vorhte $K =$ diu vorhte J.
ersturbe $K =$ stürbe J. 120 wider $K =$ wider nider
(nider J). 123 weibende $K =$ werbende J. 124 sô K
$= fehlt$ J. 128 erfurbten $K =$ siuberten J. bluotes
$K =$ muotes J. 129 im $K = fehlt$ J. 130 unde $K =$
und ouch J. 131 linde $K =$ senfte J. 135 bî sîner
$K =$ mit ir (mit sîner J). 136. diu gotes $K =$ gotes J.
in $K =$ in dô J. 138 beruochen *Zwierzina* (verrûchen
K) $=$ genâde J. 140 sîne $K =$ al sîne J. 143 er eine
$K = fehlt$ J. al $=$ alle JK. 144 noch enhân $K =$ nû
hân J. 145 welch (welich K) $=$ welhez J. 148 ergie
J (gieng K) $=$ begie. 160 deheine $K =$ keine J. 162
enist $K =$ ist J. dehein K (kain J) $=$ deheiniu. 164. 5
unde $K =$ und ouch J. 166 niuwan *Zwierzina* (rúwen
K, nu J) $=$ wan. eine $K =$ aleine J. 176 dem $JK =$
eim (aîem A).[1] 185 der A$JK =$ der selben p^1E. 187
kint $AJK =$ kint nû p^1E. 189 ergreif $AK =$ begreif
p^2EJ. 190 sîne kunft $EJK =$ sîn zuokunft A. 199
ouch diu $EJK =$ sîniu p^1A. 201 man und JK (man A)
$=$ unde p^1E. 202 sach $AK =$ diu sach p^2EJ. er dô
$AK =$ er p^2EJ. 217 vröuden $EJK =$ vröude p^1A. 219
nu JK (zu E) $=$ iu A. 240 ze $GK =$ bî A (in E).
260 diz schœne kint $GK =$ ditze kint (daz kint E,
fehlt A). 270 weinten $AK =$ weinte (wainet G, wonte
E). 276 dâ $AJ =$ sâ p^1GK (so E). 278 als GJ (also
K) $=$ als ez A (*abweichend E*). 290 bî $AK =$ bî den
$p^2GJ =$ bî der p^1E. 294 alsô $GJK =$ sô A (*fehlt E*).
303 den A (dz K) $=$ dise EG (*fehlt J*). 304 ersach
GK (an ir sach E) $=$ sach p^2AJ. 346 möhte $AJK =$

---

[1] Im französischen text steht zwar am anfang *Or escotes
por deu amor la vie d'un bon peccheor*, aber später wider
aufnehmend *Or escoutes por deu amor la vie de cest pecheor*.
Nach der nun vorliegenden einleitung ist *dem* berechtigt.

in möhte p^1 (im mocht E, móchten G). 322 ûf $AJK =$
an p^1EG. 351 nu $AJK =$ dô p^1E. 352 sîn wille an
ir $AK =$ an in sîn wille (an im sein wille E, sin will
J). 353 was $AJK = fehlt\ p^1$ (E das man sloffen be-
daht). 355 diu juncfrouwe dâ sî JK (wa J) $=$ dâ diu
juncfrouwe p^1AE (das E). 358 vil $AK = fehlt\ p^2EJ$.
362 es $AJ =$ des p^1EK. 373 si $EJK =$ si im A. ge-
lîmet $EJK =$ gelîme A. 384 diutet K (dûte A) $=$ be-
diutet EGJ. 393 ze $AJK = fehlt\ EG$. 400 der tiuvel-
schünde luoder $Zwierzina$ (vgl. $Litanei$ 1356) $=$ der
tievel der (ders p^1) schunde der luoder (der túfel schüdē
l. K, der tieffel schúnde sie der l. G, der tewffel schurte
das l. E, der tüfel mit sinem l. J, der tivel der schanden
l. A). 401 begunde sî AJK (vnd begúnde sei G) $=$ der
begundes p^1E. 402 daz $AEJK =$ unz daz (vū G). 409
ze $GJK =$ zer (zuder AE). 411 in $AK =$ ir p^1EG.
417 und $BGJK =$ noch AE. 439 ich $AEFJK =$ ich
ie p^1DG. 448 tuot $AEJK =$ getuot p^1DG. 505 daz ir
AK (dy ane EJ) $=$ daz ê ir (daz er ir D). 533 ge-
scheide $EJK =$ scheide p^1AD. 542 dirre $DJK =$ der
A (mir der E). 551 vil harte $AK =$ harte DE (vaste
J). 554 sus $DK =$ nu A ($EJ\ abweichend$). 555 einen
$DJK =$ einen wîsen p^1AE. 568 die $ABJK =$ den DE.
zuo den $AJK =$ und den p^1DE (und die B). 574 uns
$ABJ =$ uns daz p^1DE (daz K). 592 solhen E (sölich
J) $=$ al solhen A (ain sollich K). 594 des $EJK =$ es
p^1A. 603 bî $EK =$ mit A (in J). 613—15 J (613. 15
$auch\ K$) $= fehlen\ p^1AE$. 613 touc der $Zwierzina$
(tûtt der K) $=$ hilfet ir p^2J. $Die\ nach\ 618\ in\ p^1\ noch$
$aus\ E\ aufgenommene,\ aber\ in\ klammern\ gesetzte\ zeile$
daz dem herzen sanfte tuot $fehlt\ AJK$. 634 sîn EJK
$=$ daz p^1A. 635 ir K (óch ir J, sin A) $=$ in ir E.
636 mit ir $AJK =$ gelîche p^1E. 638 grôzem $EJK =$
solhem A. 639 enheten (heten EJK) $=$ und enheten A.
646 geschach $AK =$ dô (da J) geschach p^2EJ. 658
dan AK ($Arnold$) $=$ mit im dan $p^2EJ(F)$. 667 sô $JK =$
sô ez AE. 683 Nu K (du A, vnd J) $=$ dô. 688 ez
aber $JK =$ aber daz (a. des E, aber A). 707 deheinez
$AJK =$ dâ iener p^1 (ymmer E). 726 diu $AJK =$ des

kindes p^1BE. 739 den $AJK =$ den breiten E. 740 im
J (in E, li *im franz.*) $=$ *fehlt ABK*. 746 ez $BJ =$
in AEK. 749 ez $EJ =$ er AK. 750 er $AJK =$ er
selbe p^1E. 763 niht $EJ = fehlt A$. 778 truogen EJK
$=$ getruogen p^1A. 785 im $BEK =$ in p^2AJ. 799 ichn
$AEK =$ ich J. 805 driu K (drye J, vir A, vgl. tripli-
citer *Arnold*) $=$ driu alwâr E. 806 einiu *Bech* (aine
K) $=$ aleine gar E (gar an ir A, Amelie J). 807 in
ir herzen (an ir h. K, in dem hertzen ainig J, in den
ziten A) $=$ mit senften in ir h. E (*in der gestalt, auf
welche die überlieferung weist, ist der vers allerdings
zu kurz*). 813 der siechtuom der ander $AJ =$ daz
ander der siechtuom p^1BEK. 819 ûf den $JK =$ ûf dem
E (dem A). 820 im $EJK =$ dem A. 828 zir (zů ir
J, zw E) $=$ an ir A (*fehlt K*). 832 nu $EJ =$ dô p^1
AK. zehant $EJK =$ sâ zehant p^1A. 835 sîner AJK
$=$ sîn E. 839 ze keiner $EJK =$ zeheiner A. 846 was
für $EJK =$ für was A. 865 an — an $JK =$ an der —
an der p^1A (an der — an E). jugende A (jugent J)
$=$ tugent p^1E (tugēdē K). 866 an — an $JK =$ an der
— an der p^1A (an ir — an ir E). tugende A (tugent
J) $=$ jugent p^1E (jugendē K). 876 minnendez (minnende
A, mimēdes K, minnes J) $=$ minne gerndez (mynnegere-
dens E). 882 so AK (wenn J) $=$ als ofte E. 888 nū
$JK = fehlt A$. 894 beide mit $AJ =$ mit p^1E (nū K).
914 ir $EK =$ die A (ŏch J). 917 wan eine ir (denn
allain ir J, wann allein dy E, denne ein K, una tantum
Arnold) $=$ niuwan ir A. 924 sagen $EJ =$ sagen iu A
(sagen nū K). 934 in $BEJK =$ mit p^1A. 941 zuo
einem $K =$ zuo einem guoten $p^2EJ =$ ûz hin ze p^1A.
942 gesande. $p^2 =$ gesande, p^1. 943 ein $EJK =$ dâ ein
p^1A. 958 alsô $EK =$ alsô gar A (so rechte J). 973
besæhen $JK =$ sæhen A. 980 mê, $=$ mê:. 981 und
$JK =$ er A. 983 iemittten J (enmittē K) $=$ dort A.
985 wiest ez $AJK =$ wiestz iu *nach CEF*. 989 den
$AEK =$ den wilden p^2CJ. 991 was $AJK =$ wart p^1CE.
993 vische EK (de piscibus *Arnold*) $=$ rede AJ. 994
genesen $=$ genesen.' p^2. 995 alsô komen *nach CEK* $=$
alsô si kômen p^2A (do si kament J). stat.' $=$ stat, p^2.

1043. 4 *nur in A, fehlen CEFJK.* 55 ouch *CJK fehlt AE.* gespreit *JK* (bespreit *C*) = gebreit p^2E = geseit p^1A. 56 man des die *CEJK* (des *fehlt C*) = uns diu *A*. 66 wol *ACK* = *fehlt* p^2E (ain tail *J.*) 69 dehein kint *AK* = deheinz p^2 *nach EJ*. 70 niuwan *A* (nu *J*, nur *E*) = wan *CK*. 75 ez *EJK* = daz *AC*. 91 ir *EJK* = fehlt p^1AC. 93 nu *CJK* (unst *E*) = dô *A*. 98 dâ mite *CEK* (daz er .. damit *F*) = daz p^2AJ. 103 gehielt *AK* = behielt p^2 *CEJ*. 109 mitte tac *JK* (mittag *CE*) = mitter tac (mittertage *A*). 112 gebiurlîchem *K* (gebürschem *J*) = geburtlîchem *A* (bruderlichem *C*, gegenmarcklichen *E*). 114 under *AK* = bî *CE*. 115 sendent *AJK* = sendet p^1CE. 122 geruocht *CEJK* = ruocht *A*. 125 gebiurischen *CJK* (gebursam *B*) = biurischen *nach AE.* 129 als *CK* = und als p^2EJ = dô p^1A. kint ersach *EJ* (kind recht arsach *K*, kint re .. *C*) = kindelîn gesach p^1A. 130 sîner bruoderschaft *AJK* = sînen bruodern *E* (den b. *C*). sprach *EJK* = jach *A*. 133 dêswâr wir suln *AK* (zwár wir sond *J*) = so sule wir p^1CE 165 ze *AKF* = zaller p^2EJ. 179 ich *CEJ* = ich iu p^1A (ich nū *K*). 188 durchliuhtet *AJK* = durchliuhtic *BCE*. 211 gesenftet *AJ* = gebezzert p^1CEK. 218 lîp = lîp.p^1. 219 von *AJ* (vor *K*) = mit *CE*. vrâge. = vrâge p^1. 226 unz daz *AJK* = unz *CE*. 228 ir ê *CJK* = ir *E* (er *A*). 232 mære. = mære,. 233 si *CJK* = und *A*. 242 fuoge *CJK* = gefuoge *AE*. 268 an im *AK* = ouch an im *C* (an im auch *E*, im ôch *J*). 277 dehein *AJ* = ein p^1CEK. 288 sî *AK* = in p^2CJ (im *E*). 289 gefuogte sich *AK* = vuogte sich p^2C (beschach *J*) = vuogte p^1E. 291 getet *AK* = tet *CEJ*. daz geschach im nie mê *Zwierzina* (daz g. im och nie me *K*, dez g. im nie . . . e *C*, das es geschach im aine *E*, daz beschach nît we *J*, dar der [r *unsicher*] cha . . . da von [*kann auch* vor *sein*] nie *A*) = daz geschach bî einem sê. 295 daz diu muoter *CEK* (*K* diss) = diu muoter daz p^2A (sin m. daz *J*). 303 sich her *A* (sich ^{3} *K*) = *fehlt* p^2EJ. 305 wâ *EJK* = war *A*. 310 gefriunt sô sî hie *C* (*JK*) = sî hie gefriunt *A*(*E*). 315 tar *EJK* = getar *A*. 317 ein *JK* = *fehlt AE*. 319—32 nur in *E*,

fehlen AJK (*Arnold*). 345 daz $AJ =$ dô p^1EK. 360
trûrec $EJK =$ riuwec *A*. 361 ze $EJ =$ hin ze *A* (inne
ze *K*). 374 ofte $AK =$ dicke p^2EJ. 391 todes zil *EJ*
$=$ endes zil p^1A (todes endezil *K*). 395 iu des *A* (nü
dz *K*) $=$ iu p^2 (vch herre *E*, vch getrülich *J*). 411 funden
BEJ (wundèn *K*) $=$ ein funtkint p^1A. 421 und
$AK = fehlt$ $p^2EJ(G)$. 428 eines $E =$ einer (einev *G*, aine
JK, iemen *A*). 430 unde $AK =$ oder *GJ* (uber *E*).
441 schephen $GJK =$ koufen *A* (ziehen *E*). 456 dar
$AJK =$ her p^1EG. 461 disen landen $AJ =$ disem lande
p^1GK (dem lannde *E*). 469 erwirbe *JK* (erwerbe *G*) $=$
erwürbe p^1 (erwrbe *A*, erwurche *C*). 470 darnâch *AK*
$=$ hernâch *EG* (vor dir *J*). erstirbe *K* (stirb *J*, sterbe
G) $=$ ersturbe p^1 *AE*. 473 nement $AGK =$ nemen p^2E
$=$ næmen p^1. 476 ouch trûwe ich $EJK =$ ich trûwe
ouch *G* (ich kan daz *A*). 477 für dise $AJ =$ von dirre
p^1EGK. 489 ûzer $GJK =$ ûz *A* (hie ausz *E*). 490 daz
$EGJK =$ diu *A*. 496 vñ *AJ* (vñ *K*) $= fehlt$ *BEG*.
502 die $AGK = fehlt$ p^2EJ. 506 ez $AJ =$ sîn *BEGK*.
507 süezeste $AJK =$ aller süezest p^1E (aller peste *G*).
532 gegeben $AK =$ geben *EGJ*. 547 maneger *EGJK*
$=$ maneges p^1A. 583 ie $AK = fehlt$ *EGJ*. 592 daz
ist des *EJK* (das *EK*) $=$ des selben p^1A. 599 die *AJK*
$= fehlt$ *E*. 602 ze den lanken $AG =$ ze der lanke
(zu lanng *E*, in die lanke *B*, in die lengi *J*). 627 vil
$GJK = fehlt$ *AF*. 641 nu $AJK =$ dô p^1EG. 643 er
$AJF =$ man p^1EGK. 645 was $AJK =$ wære *EG*. 657
guot $AJK =$ guoten p^1G (*fehlt* *E*). 669 nu $AJK =$
und p^1E. 670 erkant: $=$ erkant, p^1. 680 wære $AJK =$
der wær p^1E (daz were *H*). 1686 wande der $AHJ =$
fehlt p^1EGK. arbeitet $HJK =$ urbort *G* (wirbet *E*,
waget *A*). 691 diu $AGHK =$ alliu diu p^2EJ. 696 huobe
$AK =$ huoben *HJ*. 697 nu $AK = fehlt$ p^2EJ. 700 ge-
dienen $HK =$ dienen $p^2EJ =$ verdienen p^1A. 703 noch
$AEHJK = fehlt$ p^1. 710 ichn (ich en *K*) $=$ ich *AEHJ*.
723 knehte *EFJK* (servi *Arnold*) $=$ knappen *AH*. 724
hânt getriulîchen $EK =$ habent getriuwen *AHJ*. 725
sô bin ich *JK* $=$ ich bin *AEH*. 733—5 *interpungiert*
nach Zwierzina $=$ vrist: ich . . . ist. swie . . . enbir,.

744 sîne *EGJK* = die p^1AH. 761 dînem *AHJ* = dem p^1EGK. 773 alsus *AK* = alsô *EGJ*. 809 bereite *EGJK* = gereite p^2AB. 810 an *GJK* = in *AE*. 829 sante *EJK* (wiste *A*) = gesante *G*. 837 starc *AH* = starker p^1GEJK. in dô *AHJ* = do p^1GEK. 844 was *EGHJ* = wart p^1ABK. 870 an *AHJ* = ûf p^1EGK. 876 wil *BGHK* (*Arnold*) = wil gerne *AJ* (gerne *vor* sîn *E*, *auch F hat* gerne). 883 enhete *K* = het *AEGJ*. 884 dar an wol *AJK* = wol daran p^1EG. 888 bat *EJK* = gebat *A*. 890 er *EJK* = erm *A*. 891 was *AJK* = diu was p^1E. 894 ein *EFJK* = im p^1A. werder *JK* (fromder *E*) = vil werder p^1A. 905 âne *AK* (*nach Zwierzina s. 370*) = âne alle p^2EJ. 918 möhte *AK* = müeste p^2EJ. 924 an *BEJK* = ûf p^1A. 926 daz *AJ* = ditz *EK*. 954 daz *AJ* (des *K*) = ditz p^1EG. 959 ie man (iemā *K*, ie kain man *J*, ymannd ander *E* = ê iemen p^1A (*zweifelhaft, ob* e *oder* ie). getæte *AJ* = tæte *EK*. 962 do *EJK* = daz *A*. 975 und *A* (vnd óch *JK*) = oder p^1E. 976 daz *AJ* = ditz p^1EK. 985 daz *AJ* = ditz p^1EK unz *EJK* = *fehlt A*. 987 man *EJK* = er p^1A. 988 und *EJK* = oder *A*. 989 vil *AK* = nu *EJ*.

2009 nu *EJK* (do *G*) = ouch p^1A. 28 nu sihe ich *AJ* = ich sihe p^1BEK. 32 danne *AJK* = *fehlt* p^1BE. 42 gevallet *AJK* = gevellet p^1E. 45 ichn (ich en *K*) = ich *AEJ*. 85 ûz für *GJK* (ouch fûr *A*) = für $p^1E(F)$. 92 manlîchem *EJK*(*F*) = michelme p^1A. 106 vil *AJ* = *fehlt EGK*. 119 zuo einander wart in *EGK* = dô wart in zuo einander p^2AJ. 138 kunst unde gelücke *E* (k. vū vnglicht *K*, ungeliche *A*) = kunst oder gelücke p^2J (die chúnst oder ungelúcke *G*). 155 allerhertiste *GJK* = hertiste *AE*. 172 verdrôz *EGJK* = bedrôz *A*. 174 ir aber *EJK* = ir p^1 (ir nu *G*, lobes *A*). 179 der *EJK* = daz *A*. erstat *AEK* = ersat p^2BJ. 183 fürdermâl *Zwierzina* (fúr des mâl *K*, fur dem male ye *E*) = fûr die zit *A* (iemer me *J*, niemer mêr *F*). 188 nu *AJ* = dô *EGK*. 207 ir *AJK* = *fehlt* p^1EG. 215 diz *AJK* = ez p^1BE. 219 næme *AJK* = ir næme p^1E. 220 bequæme *JK* (dem lannde

b. E) $=$ dâ bî bequæme p^1A. 221 diz $AK =$ daz p^2EJ. was $EJK =$ wære p^1E. 223 ist $AJK =$ wære p^1E. 224 hât $AJ =$ hete (hett EK). 237 sî $AJ =$ sî nû p^1EGK 272 aber er $AK =$ er aber p^1EH (er nit won J). 302 ie HJ (im A) $=$ *fehlt EGK*. 303 er $AHJ =$ er ouch EGK. 306 dar $AK =$ *fehlt EHJ*. 308 dan $AEJ =$ von dan p^1BGHK. 310 herzelîchen EJK (innicliche H) $=$ heimlîchen p^1A. 317 unz daz sî EK (vnd J) $=$ unz sî rehte A. 328 gereite $AHJK$ $=$ bereite p^1EG. 329 sîn $AHJ =$ diu EGK. 330 vil harte AHK (vil J) $=$ harte E (*fehlt G*). 350 hâst $AHJK =$ hâst vil dicke p^1E. 354 die lüge $AJK =$ lüge p^1E (bose mere H). 359 sich, sô EK (so J) $=$ sich A (sich nu H). sô $AJK =$ alsô p^1EH. 371 dises $HK =$ hie des p^2 (die J, des A) $=$ hie êrste des p^1E. 379 vil harte $AHK =$ harte p^2EJ. 388 unde AHK (vnd óch J) $=$ unde sach in p^1EG. 395 nie man J (nieman AH) $=$ ouch nieman p^1E (ioch nie man K). 396 geweinen $AJK =$ weinen HE. 414 tiurern (tewren G, trúwē K) $=$ ein tiurern (einen tiweren A, ein trewen E, dikeinē dûrer H). 428 mich doch an im $AHJ =$ doch sîne hulde p^1EGK. 436 widr sînen willen ze wizzen AJ (B) $=$ ze wizzn wider sînen willen p^1EK (H). 504 tete $GJK =$ machte (machet A, noch moch E). 512 die $EGJK =$ *fehlt A*. 532 vil harte AK $=$ harte p^2GJ. 533 ouch ich $AK =$ ich iu EGJ. 539 unz daz $AJ =$ unz p^1EGK. 552 der guote sündære $AJ =$ der sündær zuo der vrouwen EGK. 555 der zûft K (der süfze J, dy senzt E) $=$ daz süften AG. 568 ie EK (ietz J) $=$ *fehlt A* (ein G). 580 ir sult AJ $=$ muget ir EGK. 577 niht sî ein edel $EGJH =$ sî ein ungeborn p^1A. 578 weste $ABJK =$ und weste p^1G (E). 588 enmac K (mag EJ) $=$ enkan G (weiz A). 590 herre $AK =$ *fehlt EGJ*. 593 iu $AJ =$ iu iht p^1EGK. 601 hie an $AK =$ hie EGJ. 610 mich got AK $=$ got mich E (er mich GJ). 625 hie $AK =$ erhie EGJ. 636 vol an ein ende solde $EJK =$ wolde an ein ende p^1A. 638 ich wæne, ez wære $EJK =$ ez wære, ich wæne A. 648 vriesch $K =$ vernam p^2EJ

= gehôrte p^1A. 649 swære EJK = mære p^1A. 650 diu EJK = daz p^1A. 653 sô BK = dô p^2AJ. 668 jâ AGJ (io K) = ez p^1 (*Greith*). bekumbert GJK = kumbert A. 675 niht $EGJK$ = iht p^1 (*fehlt A*). 687 sämelîche (ain sämlich K, semlich grosse J) = sus getâne A (sûz gewante G, solich getane E). 688 enmüeze K = müeze $AEJG$. 699 vil EGK = *fehlt p^2AJ*. 711 irs AJ = ir des p^1EGK. 714 niewan A (numê K, nu J) = wan EG. 726 habet EJK = habt ir p^1A. 732 swâ AJ = dâ p^1EGK. iuwer A (úwer⁵ K, v́wern J) = iu die p^1EG. 740 suln ez AJK = sulnz noch p^1G (E noch *nach* bringen). 766 stege. = stege p^1. 767 ungeschuoch = ungeschuoch, p^1. 768 streich er AJ = er streich BEG (vū straich E). 771 nu JK (un AF) = dô p^1EG. 772 nâhe K (nach A) = nâhen GE (*fehlt J*). 774 gevolgte AK = volgte EGJ. 775 gesach AK = ersach EG (sach J). 780 den AJK = dâ p^1EG. 788 ez sô J (ez nu so A) = daz alsô p^1EGK. 801 wüestent AK (wüsten J) = wüestet GE. 813 dô A (nun J) = ditz p^1EGK. 814 diz schelten AJ (hanc poenam *Arnold*) = mit freuden p^1EGK. 819 daz ist GJK (das ist gut E) = deist ein A. 824 sîn AG (dez J), *fehlt EK* = sînen. 825 selben AJ = grôzen p^1EGK. 837 des AK = *fehlt EGJ*. 860 bejage EJK = sîme bejage p^1A. 870 vil AK = *fehlt p^2EJ*. 874 in EJ = in noch A (in hinacht K). 893 wart EJK = der wart A. 895 also EK (sus J) = dô A. 901 sehen EGK = an sehen A. 907 vrost AK = durst J (sust E). 934 du AJK = dem du p^1E. 936 dich EJE = *fehlt p^1A*. 937 ergetzen EJK = vergezzen p^1A. 938 dich EJK = wol p^1A. gesetzen JK = besetzen p^2E = gezzen p^1A. 940 alsô EJK = sô p^1A. 951 ûf EJK = an p^1A. 975 des antwurte im der vischære dô EK (ad haec piscator rettulit *Arnold*) = der vischære antwurte im alsô AJ. 977 wol AK = *fehlt p^2EJ*. 984 dînes kumbers JK (*EF*) = dîner sünde A. 988 ganzen JK = guoten AE. 999 der AJ = swer p^1BEGK. joch K (io G) = ouch AE (dich J, *fehlt B*).

3006 dîne liebe AK (dinen lip J) = dînen willen

p^1EG. 16 diz die JK (diese E) = im die A. 41
guote AK = *fehlt* p^2EJ. 46 daz AJK = da p^1EG.
53 bereit $AGJK$ = gereit p^2A. 56 dô slief er AJ =
der slief p^1K (er slieffe G, der wasz entslaffen E). 65
diz JK (diczze *hinter* weip G) = daz A (*fehlt* E). 70
wart EJK = wart dâ p^1A. 73 er EK = er aber A.
85 ruofte J (rueff E, rieff K, schry F) = baten p^1A.
88 dâ beslôz er AJ = und beslôz p^1EGKF. 89 vaste
AJ (fortissime *Arnold*) = *fehlt* $EGKF$. 97 der EGK
= dirre AJ. 119 trôstgeist K (zw trost der gaist E)
= geistlich trôst p^1 (gaistleich vat⁵ G) = trôst p^2AJ.
127 sô EJK = *fehlt* p^1AG. 145 er (er do A, do er
J, alz er K) = daz er p^1EG. 155 nu rieten si EJK
= dô gerietens p^1A. 156 si liezen AJ = man lieze
p^1EK. 160 guot ze AK (J) = guot weisr und guot
p^1E. 162 ouch EJK = im p^1A. 165 der guoten vrâge
riet K (der guten ein geriet E) = ie daz guote geriet
A (*doch* riet) (vnd ie daz best riet J). 166 er $AEJK$
= erz p^1. 170 wort EJK = rede p^1A. 171 dâ sî
JK = dâ dise E (die A). 176 daz AJ = *fehlt* p^1EGK.
189 mac EJK = möhte p^1A. 194 wart AJK = was
p^1B (wer E). 200 der EJK = im der p^1A. 208
bræhten in AJ = in bræhten p^1EF (in *fehlt* K). 209
nu EJK = dô p^1A (fehlt G). 214 swar AK = swâ
EG (J *hat* wa si ir weg hin). 215 in AJ (im E, K
hat in niemā nútz) = inz. 217 in JK (gerne E) = ie
A. beruochet JK (geruchet E) = geruochte A. 218
suochet EGK = suochte A. 225 in die AJ = gegen
der p^1EGK. 226 harte EGK = *fehlt* AJ. 228 ir
herren GJ = den guoten p^1A (in K, *fehlt* E). 239 bî
$AEJK$ = saz bî p^2BG. 240 saz $AEJK$ = *fehlt* p^1
(und G). 250 die AJ = dise p^1EK. 256 schœner
EJK = *fehlt* A. 257 ze AK = zuo der E (zer J).
273 reinen EJK = guoten A. 278 gesehen AJ =
sehen p^1EGK. 310 im geholfen AK = geholfen im E.
314 gesluoc AK = sluoc EGJ. 320 in AK = im EG.
324 mochte ich ûz AK = wurden E. 332 offenlîche
EJK = bescheidenlîche A. 336 tæten J = gæben BEK
(rieten A). 337 den grôzen E (dē K, die grozen A) =

daz grôze. 350 uns *EK* (vch *J*) = *fehlt AG. nach*
356 der er vil manege mit unrât dâ ûf dem steine er-
liten hât p^1E. 358 dingen *EJK* = gedingen *A*. 360
enwær *AE* = wær *JK*. 374 boume (bome *K*, bôm *J*,
bd'me *A*, paw *E*) = barke. zuo *AK* = darzuo *EJ*.
379 ein *EJK* = einen *A*. schœne *K* (schonr *E*, schöner
J) = schœnen *A*. 381 *fehlt EJK* = kein p^1 (deheim
A). 395 luste *EJK* = geluste *A*. 397 alsô *EK* =
= sô p^2J = wol p^1A. 403 waz sî *AJ* = wâ si in
p^1EG. 414 dem *AJ* = einem p^1EGK. 432 und veiz
(*Zwierzina*, vaisset *K*, hiesz *E*) mit guotem *EK* = mit
werdeclîchem *A* (geschaffen nach allem *J*). 452 harte
AJK = vil p^1EG. 457 swerendiu (schwerēdē *K*, swa-
runde *E*) = swærstiu *A* (sweri *J*). 489 erz *A* = er
EGJK. 492 ê *EJK* = wol *AG*. 501 dô *AJ* = ez
BK (er *E*). 512 enist *AK* = ist *EJ*. 514 billîch
EJKF = vil b. p^1A. 520 ez *JK* = sô *A*. 535 liehte
sunnenschîn *AK* = liehten sunnen schin p^2EJ. 544 zorn-
lîchen *AK* = zorneclîchen *EG*. 559 und *JK* = dar
zuo *E* (*fehlt A*). 563 vil *AK* = ir vil p^2EJ. 567
geruochet *EJK* = ruochet p^1A. 570 haben *AJK* =
haben daz p^1E. 574 beiden? = beiden (*ohne inter-
punktion*). 575 ir *EJK* = daz ir *A*. muot. = muot?.
577 bûwe *JK* (wane *E*, bin *G*) = bin gesezzen *A*. 581
mit iu hie *EK* (mit ew̆ *GJ*) = hie wider iuch *A*. 582
ich müeze ir ze buoze stân *EJK* (der múzz ich ze púzzen
stan *G*) = ze buoze müeze ich ir gestân *A*. 586 dô
EJK = nu p^1A. 593 solhe *AJK* = ein solhe *E*. 594
was für *EK* (ward für *J*) = für was *A*. 595 sî *AK*
= in p^2EJ. 596 was *AJK* = bin *E*. 597 schanden,
= schanden. . 599 gestætet (gestettet *K*) = bestatet
(gestattet *A*, bestät *J*, geseczt *E*). 600 bein. = bein,.
601—8 *stehen nur in E, fehlen AJK*. Wenn sie echt
wären, müsste wie in den früheren ausgaben hinter 3595
ein punkt, hinter 3600 ein komma stehen. 616 muoz
AK = müeze (múzz *G*, geruch *EJ*). 622 beslozzen *AJK*
= verslozzen p^1EG. 626 vil lieber *A* (lieber *J*, vil
salig *E*) = *fehlt p^2GK.* 629 arme *K* (armer *GJ*, armer
mensch *E*, *vgl. auch bei Arnold* infelix perditus) =

arme man *A*. 630 ich *GJK* = *fehlt AE*. 639 gespart: *Zwierzina* = gespart,. 640 dirre *AJK* = der *EG*. 642 sô sol ich wol *JK* (*auch E nur* sein *statt* wol) = und sol ich sîn *G*. 643 darnâch volgte ich *J* (dar nach erfult ich *EK*) = ich volgte leider p^1A. 645 brâhte iuch *AJ* (locavi *Arnold*) = half iu p^1GK (so halff ich euch *E*). 646 iuwer *AJK* = iu diu *E*. 666 grôzen *AJK* = grôze *EG* (grozi *B*). 667 vor *EJK* = dâ vor *A*. 668 sô *EJK* = *fehlt A*. 669 wuosch *J* (erwůchs *K*) = machte *A*. 671 der *JK* = sîner *A*. 672 den flecken (de fleckē *K*, dem flaisch *J*) = daz vlêhen *A*. 676 was *AJK* = ist p^1E. 696 nu saget *AK* = saget p^2J (get *E*). 722 siufte *AJ* = ersiufte *EK*. 728 nâher *A* (vgl. Bech, Germ. 17, 295) = sunder p^1 (suder *E*, vnder *K*, hin vnd her *J*). 737 die *JK* = sî die *A*. 738 wande *AJK* = gemeinlîch p^1E. 739 ditze wære *AJK* = er wære wol p^1E. 743 sâhen *EGJK* = ersâhen *A*. 746 naht *AJK* = beide naht *EG*. 750 alle wege (*KE*, alzit *J*, per omnia itinera *Arnold*) = ie *AF*. 761 dâ *JK* = dô *ABEG*. 762 wol *EJK* (*fehlt B*) = dar *AG*. 778 manegen *EK* (menger *J*) = vil *A*. 779 er *AJ* = sô p^1EK = *fehlt* p^2 (in *G*.) 788 zallem *J* (zallen *A*, ze allē *K*) = allz ze p^1 (als ze *G*, all zu *E*). 789 enwart *EK* = wart *AJ*. dâ ze *JK* = ze der *A*. 796 rehten *GJK* = rehtes *A*. 841 unde *AJ* = *fehlt* p^1EGK. 850 von *AJK* = vor p^1EG. 851 entwichen was *AJ* = was entwichen p^1EGK. begarwe *A* = garwe *EGJK*. 854 nande *AEKF* = genande *GJ*. 860 er *KF* (er sa *A*) = er sî *GJ*. 879 dô *EK* (*in A* übergeschrieben) = *fehlt* p^2GJ. 883 lebende *AJK* = lebendig p^1EG. 887 riuwen *AJK* = riuwe *EG*. 894 erkandet *AJK* = erkennet p^1G (erkenne *E*). 895 mich *AJ* = herre, mich *EGK*. 897 saget *AJ* = saget mir p^1EGK. 901 ir *AJK* = herre ir *EG*. 907 vreude *AJ* = sælde p^1EGK. mê *J* (mer *G*, nie *K*) = niht *AE*. 908 niewan *A* = wan p^1K (wond *J*. dann *E*, und *G*). diu *AK* = *fehlt FGJ*. müese ich in *A* (müsse in *K*, möcht ich in *J*) = ob ich in müese p^1 (ob ich muste *E*, ob ich in scholde *G*). 949 vertriben *JK* = hânt vertriben p^1

(hat v. *A*, hetten v. *E*). 963 niemer *AK* $=$ nu niemer $p^2 EJ$. 976 *in JK* $=$ *fehlt* $p^1 E$. 978 und *JK* $=$ *fehlt E*. 982 wirt *EJK* $=$ enwirt p^1. mêre (mer *E*, me *J*) $=$ *fehlt K*. 988 buoze bestât *EJK* $=$ ze buoze stêt p^1. 990 buoch *J* (laid *K*) $=$ getihte *E*. 993. 4 *EJK* $=$ *in umgekehrter folge.* 993 im *EJK* $=$ iu. 995 hœren oder lesen $=$ hœrent ode lesent p^1. 996 sî im *JK* $=$ sî $p^2 E$ $=$ ir p^1. wesen $=$ wesent p^1.

4004 alsô genislich *JK* $=$ sæligez p^1.

Mîn herze hât betwungen
dicke mîne zungen,
daz sî des vil gesprochen hât
daz nâch der werlde lône stât.
daz rieten im diu tumben jâr.   5
nu weiz ich daz wol für wâr:
swer durch des helleschergen rât
den trôst ze sîner jugent hât
daz er dar ûf sündet,
als in diu jugent schündet,   10
daz er gedenket dar an
'du bist noch ein junger man;
aller dîner missetât
der wirt noch vil guot rât;
du gebüezest in dem alter wol',   15
der gedenket anders denne er sol.
er wirt es lîhte entsetzet;
wande in des willen letzet
diu êhafte nôt,
sô der bitterlîche tôt   20
den fürgedanc richet
und im daz leben brichet
mit einem snellen ende.
der gnâden ellende
hât danne den bœsern teil erkorn.   25
und wære aber er geborn
von Adâme mit Abêle
und solte mit im sîn sêle
weren âne sünden slac
unz an den jungesten tac,   30

sô hæte er niht ze vil gegeben
umb daz êwige leben,
daz anegenges niht enhât
und ouch niemer zergât.
 Durch daz wære ich gernę bereit   35
ze sprechennę die wârheit,
daz ez gotes wille wære
und daz diu grôze swære
der süntlîchen bürde
ein teil ringer würde,   40
die ich durch mîne müezekeit
ûf mich mit worten hân geleit.
wan dâ enzwîvel ich niht an:
als uns got an einem man
erzeiget und bewæret hât,   45
so en wart nie mannes missetât
in der werlde sô grôz,
ern werde ir ledic unde blôz,
ob si in von herzen riuwet
und si niht wider niuwet.   50
von dem ich iu nu sagen wil,
des schulde was grôz unde vil,
daz sî vil starc ze hœrenne ist,
wan daz man sî durch einen list
niht verswîgen getar: 55
daz dâ bî neme war
alliu sündigiu diet
die der tiuvel verriet
ûf den wec der helle,
ob ir dehein noch welle   60
diu gotes kint mêren
und selbe wider kêren
ûf der sælden strâze,
daz er den zwîvel lâze,
der manegen versenket.   65
swer sich bedenket
houbethafter missetât,
der er vil lîhte manege hât,
sô tuot er wider dem gebote,

und verzwîvelt er an gote,   70
daz er sîn niht enruoche,
ob er genâde suoche,
und entriuwet niemer wider komen.
sô hât der zwîvel im benomen
den wuocher der riuwe.   75
daz ist diu wâre triuwe
die er ze gote solde hân:
buoze nâch bîhte bestân.
wan diu vil bitter süeze
twinget sîne füeze   80
ûf den gemächlîchern wec:
der enhât stein noch stec,
mos gebirge noch walt;
der enhât ze heiz noch ze kalt;
man vert in âne des lîbes nôt,   85
er leitet aber ûf den êwegen tôt.
   Sô ist der sælden strâze
in eteslîcher mâze
beide rûch und enge.
die muoz man die lenge   90
wallen unde klimmen,
waten unde swimmen,
unz daz sî in hin leitet
dâ sî sich wol breitet
ûz disem ellende   95
an ein vil süezez ende.
den selben wec geriet ein man:
ze rehter zît er entran
ûz der mordære gewalt.
er was komen in ir gehalt: 100
dâ hâten sî in nider geslagen
und im vrävellîche entragen
aller sîner sinne kleit
und hâten in an geleit
die marterlîchen wunden.   105
ez was zuo den stunden
sîner sêle armuot vil grôz.
sus liezen sî in .. blôz

unde halp tôt ligen.
dô hâte im got niht verzigen 110
sîner gewonlîcher erbarmekeit
und sante im disiu zwei kleit,
gedingen unde vorhte,
diu got selbe worhte,
daz sî im ein schirm wæren 115
und allen sündæren:
vorhte daz er ersturbe,
gedinge daz er niht verdurbe.
vorhte liez in dâ niht ligen.
doch wære er wider gesigen, 120
wan daz der gedinge
machte in alsô ringe
daz er doch weibende saz:
dar zuo sô starkte in baz
diu geistlîche triuwe 125
gemischet mit der riuwe.
sî tâten im vil guotes
und erfurbten in des bluotes.
sî guzzen im in die wunden sîn
beidiu öl unde wîn. 130
diu salbe ist linde und tuot doch wê,
daz öl diu gnâde, der wîn diu ê,
die der sündære haben muoz:
sô wirt im siechtuomes buoz.
alsus huop in bî sîner hant 135
diu gotes gnâde als si in vant
ûf ir miltez ahselbein
und truog in durch beruochen hein.
dâ wurden im verbunden
sîne verchwunden, 140
daz er âne mâsen genas
und sît ein wârer kempfe was
er eine über al die kristenheit.
noch enhân ich iu niht geseit,
welch die wunden sint gewesen 145
der er sô kûme ist genesen,
wie er die wunden emphie

und wie er sich der wunden ergie
âne den êwigen tôt.
des ist ze hœrenne nôt   150
und ze merkenne in allen
die dâ sint vervallen
under bercswæren schulden,
ob er ze gotes hulden
dannoch wider gâhet,   155
daz in got gerne emphâhet.
wan sîner gnâden ist sô vil,
daz er des niht enwil
und ez gar verboten hât
daz man durch deheine missetât   160
an im iht zwîvelhaft bestê.
ez enist dehein sünde mê,
man enwerde ir mit der riuwe
ledic unde niuwe,
schœne unde reine,   165
niuwan der zwîvel eine,
der ist ein mortgalle
ze dem êwigen valle,
den niemen mac gesüezen
noch wider got gebüezen.   170
    Der dise rede berihte,
in tiusche getihte,
daz was von Ouwe Hartman.
hie hebent sich von êrste an
diu seltsænen mære   175
von dem guoten sündære.
    Ez ist ein wälhischez lant
Equitânjâ genant
und lît dem mere unverre:
des selben landes herre   180
gewan bî sînem wîbe
zwei kint diu an ir lîbe
niht schœner mohten sîn,
einen sun und ein tohterlîn.
der kinde muoter starp,   185
dô si in daz leben vol erwarp.

Dô diu kint wâren
komen ze zehen jâren,
do ergreif den vater ouch der tôt.
dô er im sîne kunft enbôt,   190
sô daz er in geleite
dâ er von siecheite
sich des tôdes entstuont,
dô tet er sam die wîsen tuont:
zehant er besande   195
die besten von dem lande
den er getrûwen solde
und in bevelhen wolde
sîne sêle und ouch diu kint.
nu daz sî für in komen sint,   200
mâge man und dienestman,
sîniu kint sach er dô an:
diu wâren gelîche
sô rehte wünneclîche
gerâten an dem lîbe   205
daz einem herten wîbe
ze lachenne wære geschehen,
ob sî sî müese an sehen.
  Daz machte sînem herzen
vil bitterlîchen smerzen: 210
des herren jâmer wart sô grôz,
daz im der ougen regen vlôz
nider ûf die bettewât.
er sprach 'nu enist des niht rät,
ichn müeze von iu scheiden.   215
nu solt ich mit iu beiden
alrêrst vröuden walten
und wünneclîchen alten.
der trôst ist nu zergangen:
mich hât der tôt gevangen'.   220
nu bevalch er sî bî handen
den herren von den landen
die durch in dar wâren komen.
hie wart grôz weinen vernomen.
ir jâmer zuo den triuwen   225

schuof dâ grôz riuwen.
alle die dâ wâren
die begunden sô gebâren,
als ein ingesinde guot
umbe ir lieben herren tuot.   230
   Als er diu kint weinen sach,
zuo sînem sun er dô sprach
'sun war umbe weinest du?
jâ gevellet dir nu
mîn lant und michel êre.   235
jâ fürhte ich harte sêre
dîner schœnen swester.
des ist mîn jâmer vester
und beginnez nu ze spâte klagen
daz ich ze allen mînen tagen   240
ir dinc niht baz geschaffet hân:
daz ist unväterlich getân'.
   Er nam sî beidiu bî der hant,
er sprach 'sun, nu wis gemant
daz du behaltest mêre   245
die jungesten lêre
die dir dîn vater tæte.
wis getriuwe, wis stæte,
wis milte, wis diemüete,
wis vrävele mit güete,   250
wis dîner zuht wol behuot,
den herren starc, den armen guot.
die dînen solt du êren,
die vremeden zuo dir kêren,
wis den wîsen gerne bî,   255
vliuch den tumben swâ er sî.
vor allen dingen minne got,
rihte wol durch sîn gebot.
ich bevilhe dir die sêle mîn
und diz schœne kint die swester dîn,   260
daz du dich wol an ir bewarst
und ir bruoderlîchen mite varst.
sô geschiht iu beiden wol.
got dem ich erbarmen sol,

der geruoche iuwer beider pflegen'.   265
hie mite was ouch im gelegen
diu sprâche und des herzen kraft,
und schiet sich diu geselleschaft,
beidiu sêle unde lîp.
hie weinten man unde wîp.   270
ein solhe bivilde er nam,
so ez landes herren wol gezam.
   Nu daz disiu rîchiu kint
sus beidenthalp verweiset sint,
der junkherre sich underwant   275
sîner swester dâ zehant
und pflag ir so er beste mohte,
als sînen triuwen tohte.
er volzôch ir muote
mit lîbe und mit guote;   280
sîne wart von im beswæret nie.
er phlac ir sô (ich sage iu wie),
daz er sî nihtes entwerte
swes sî an in gerte
von kleidern und von gemache.   285
sî wâren aller sache
gesellic und gemeine,
sî wâren selten eine,
sî wonten zallen zîten
einander bî sîten   290
(daz gezam vil wol in beiden),
sî wâren ungescheiden
ze tische unde ouch anderswâ.
ir bette stuonden alsô nâ
daz sî sich mohten undersehen.   295
man enmac im anders niht gejehen,
erne phlæge ir alsô wol
als ein getriuwer bruoder sol
sîner lieben swester:
noch was diu liebe vester   300
die sî im dâ wider truoc.
wünne heten sî genuoc.
   Dô dise wünne und den gemach

der werlde vîent ersach,
der durch hôchvart und durch nît   305
versigelt in der helle lît,
ir beider êren in verdrôz
(wan sî dûhte in alze grôz)
und erzeigte sîn gewonheit;
wan im was ie und noch ist leit   310
swâ iemen kein guot geschiht,
unde enhenget sîn niht
swâ erz mac erwenden.
sus gedâhte er sî phenden
ir fröuden unde ir êren,   315
ob er möhte verkêren
ir vröude ûf ungewinne.
an sîner swester minne
sô riet er im ze verre,
unz daz der junkherre   320
verkérte sîne triuwe guot
ûf einen valschen muot.
  Daz eine was diu minne
diu im verriet die sinne,
daz andẹr sînẹr swester schœne,   325
daz drittẹ des tievels hœne,
daz vierde was sîn kintheit,
diu ûf in mit dem tievel streit,
unz er in dar ûf brâhte
daz er benamen gedâhte   330
mit sîner swester slâfen.
wâfen, herre, wâfen
über des hellehundes list,
daz er uns sô geværic ist!
war umbẹ verhenget im des got   335
daz er sô manegen grôzen spot
frumt über sîne hantgetât
die er nâch im gebildet hât?
  Dô er durch des tievels rât
dise grôze missetât   340
sich ze tuone bewac,
beidiu naht unde tac

wont er ir vriuntlîcher mite
danne ê wære sîn site.
nu was daz einvalte kint   345
an sô getâner minne blint,
und diu reine tumbe
enweste niht dar umbe
wes sî sich hüeten solde,
und hancte im swes er wolde.   350
nu begap sî der tiuvel nie
unz sîn wille an ir ergie.
    Nu vriste erz unz an eine naht
dô mit slâfe was bedaht
diu juncfrouwe dâ sî lac.   355
ir bruoder slâfes niht enpflac:
ûf stuont der unwîse
und sleich vil harte lîse
zuo ir bette da er sî vant
unde huop daz ober gewant   360
ûf mît solhen sinnen
daz sî es nie wart innen
unz er dar under zuo ir quam
und sî an sînen arm genam.
ouwî waz wolde er drunder?   365
jâ læge er baz besunder.
ez wâren von in beiden
diu kleider gescheiden
unz an daz declachen.
dô sî begunde wachen   370
dô het ers umbevangen.
ir munt unde ir wangen
vant sî sô gelîmet ligen
als dâ der tiuvel wil gesigen.
    Nu begunde er sî triuten   375
mê danne vor den liuten
dâ vor wære sîn site.
hie verstuont sî sich mite
daz ez ein ernest solde sîn.
sî sprach 'wie nu, bruoder mîn?   380
wes wil du beginnen?

lâ dich von dînen sinnen
den tiuvel niht bringen.
waz diutet ditz ringen?'
si gedâhte 'swîge ich stille,   385
so ergât des tiuvels wille
und wirde mînes bruoder brût:
unde wirde ich aber lût,
sô habe wir iemmer mêre
verlorn unser êre'.   390
alsus versûmte sî der gedanc,
unz daz er mit ir geranc,
wan er was starc und sî ze kranc,
daz erz âne der guoten danc
brâhte ûf ein endespil.   395
dâ was der triuwen alze vil.
dar nâch beleip ez âne braht.
alsus wart sî der selben naht
swanger bî ir bruoder.
der tiuvelschünde luoder   400
begunde sî mêre schünden,
daz in mit den sünden
lieben begunde.
si hâlenz ûf die stunde
daz sich diu vrouwe des entstuont,   405
sô diu wîp vil schiere tuont,
daz sî swanger wære.
dô wart ir vreude swære:
wan ezn stiurte sî niht ze huote:
sî schein in unmuote.   410
 In geschach diu geswîche
von grôzer heimlîche:
heten sî der entwichen,
sô wærens umbeswichen.
nu sî gewarnet dar an   415
ein iegelîche man
daz er swestern und nifteln sî
niht ze heimlîche bî:
ez reizt daz ungevüere
daz man wol verswüere.   420

Alsô der junge
solhe wandelunge
an sîner swester gesach,
er nam si besunder unde sprach
'vil liebiu swester, sage mir, 425
du trûrest sô, waz wirret dir?
ich hân an dir genomen war,
du schînest harte riuwevar:
des was ich an dir ungewon'.
nu begunde sî dâ von 430
siuften von herzen.
den angestlîchen smerzen
erzeigte sî mit den ougen.
sî sprach 'des ist unlougen,
mir engê trûrens nôt. 435
bruoder, ich bin zwir tôt,
an der sêle und an dem lîbe.
ouwê mir armen wîbe,
war zuo wart ich geborn?
wande ich hân durch dich verlorn 440
got und ouch die liute.
daz mein daz wir unz hiute
der werlde haben vor verstoln,
dazn wil niht mê sîn verholn.
ich bewar vil wol daz ich ez sage: 445
aber daz kint daz ich hie trage
daz tuot ez wol den liuten kunt'.
nu half der bruoder dâ zestunt
trûren sîner swester:
sîn jâmer wart noch vester. 450
An disem ungewinne,
erzeigte ouch vrou Minne
ir swære gewonheit:
sî machet ie nâch liebe leit.
alsam ist in erwallen 455
daz honec mit der gallen.
er begunde sêre weinen,
daz houbet underleinen
sô riuweclîche mit der hant,

als demz ze sorgen ist gewant. 460
ez stuont umb al sîn êre:
iedoch sô klagte er mêre
sîner swester arbeit
danne sîn selbes leit.
  Diu swester sach ir bruoder an, 465
sî sprach 'gehabe dich als ein man,
lâ dîn wîplich weinen stân
(ezn mac uns leider niht vervân)
und vint uns etlîchen rât,
ob wir durch unser missetât 470
âne gotes hulde müezen sîn,
daz doch unser kindelîn
mit uns iht verlorn sî,
daz der valle iht werden drî.
ouch ist uns ofte vor geseit 475
daz ein kint niene treit
sînes vaters schulde.
jane sol ez gotes hulde
niht dâ mite hân verlorn,
ob wir zer helle sîn geborn; 480
wand ez an unser missetât
deheiner slahte schulde hât'.
  Nu begunde sîn herze wanken
in manegen gedanken.
eine wîle er swîgende saz. 485
er sprach 'swester, gehabe dich baz.
ich hân uns vunden einen rât
der uns ze staten gestât
ze verhelne unser schande.
ich hân in mînem lande 490
einen harte wîsen man
der uns wol gerâten kan,
den mir mîn vater ouch beschiet
und mir an sîne lêre riet,
dô er an sînem tôde lac, 495
wand er ouch sînes râtes phlac.
den neme wir an unsern rât:
ich weiz wol daz er triuwe hât:

und volge wir sîner lêre,
sô gestêt unser êre.'   500
   Diu vrouwe wart des râtes vrô.
ir vreude schuof sich alsô,
als ez ir dô was gewant:
irn was kein ganziu vreude erkant:
daz ir trûren wære   505
dô sî was âne swære,
daz was ir bestiu vreude hie,
daz sî niuwan ir weinen lie.
der rât behagte ir harte wol:
sî sprach 'der uns dâ râten sol,   510
bruoder, den besende enzît,
wan mîn tac unverre lît'.
   Nu wart er schiere besant:
der bote brâhte in zehant.
nu wart er schône enphangen: 515
besunder wart gegangen
in eine kemenâten,
dâ sî in râtes bâten.
alsus sprach der jungelinc:
'ich hân dich umbe swachiu dinc   520
niht dâ her besant.
ichn weiz nu niemen der mîn lant
ze disen zîten bûwe,
dem ich sô wol getrûwe.
sît dich nu got sô gêret hât   525
(er gap dir triuwe und hôhen rât),
des lâ uns geniezen.
wir wellen dir entsliezen
ein heimlîche sache,
diu uns nâch ungemache   530
umb alle unser êre stât,
ezne sî daz uns dîn rât
durch got dâ von gescheide'.
sus buten sî sich beide
weinende ûf sînen fuoz.   535
er sprach 'herre, dirre gruoz
der dûhte mich ze grôz,

wære ich noch iuwer genôz.
stêt ûf, herre, durch got,
lât hœren iuwer gebot,   540
daz ich niemer zebrechen wil,
unde gebet dirre rede ein zil.
saget mir waz iu werre;
ir sît mîn geborner herre:
ich râte iu sô ich beste kan;   545
dâne gezwîvelt niemer an'.
   Nu tâtens im ir sache kunt.
er half in beiden dâ ze stunt
weinen vor leide,
(er meinde wol sî beide)   550
und trôste sî vil harte wol,
als man den friunt nâch leide sol
daz nieman doch erwenden kan.
sus sprach daz kint zem wîsen man:
'herre, nu vint uns einen rât,   555
der uns nu aller nâhest gât,
sô uns nu kumet diu zît
daz mîn swester gelît,
wâ sî des kindes genese
daz ir geburt verswigen wese.   560
nu gedenke ich, ob ich wone
die wîle mîner swester vone
ûzerhalb dem lande,
daz unser zweier schande
sî verswigen deste baz'.   565
   Der wîse sprach 'sô râte ich daz:
die iuwers landes walten,
die jungen zuo den alten
sult ir ze hove gebieten,
und die iuwerm vater rieten.   570
ir sult iuch wider sî enbarn
daz ir zehant wellet varn
durch got zem heiligen grabe.
mit bete gewinnet uns abe
daz wir der vrouwen hulde swern   575
(des beginnet sich dâ niemen wern),

daz sî des landes müeze pflegen
unz ir belîbet under wegen.
dâ büezet iuwer sünde
als iuch des got geschünde.   580
der lîp hât wider in getân:
den lât im ouch ze buoze stân.
und begrîft iuch dâ der tôt,
sô ist des eides harte nôt,
daz si unser vrouwe müeze sîn.   585
bevelhet se ûf die triuwe mîn
vor den herren allen
(daz muoz in wol gevallen,
wand ich der altist under in
und ouch der rîchiste bin):   590
sô nim ich sî hin heim zuo mir:
solhen gemach schaffe ich ir
daz sî daz kint alsô gebirt
daz des niemen innen wirt.

    Got gesende iuch wider, herre;   595
des getrûwe ich im vil verre.
belîbet ir danne under wegen,
so gevallet iu der gotes segen;
zewâre sône ist niht mîn rât
daz sî durch dise missetât   600
der werlde iht enphliehe,
des landes sich entziehe.
belîbet sî bî dem lande,
ir sünde unde ir schande
mac sî sô baz gebüezen.   605
sî mac den armen grüezen
mit guote und mit muote,
bestêt sî bî dem guote.
gebristet ir des guotes,
sone hât sî niuwans muotes: 610
nu waz mac danne ir muot
gefrumen iemen âne guot?
waz touc der muot âne guot
oder guot âne muot?
ein teil frumt muot âne guot,   615

noch bezzer ist guot unde muot.
von diu sô dunket mich daz guot,
si behabe guot unde muot:
sô mac sî mit dem guote
volziehen dem muote: 620
sô rihte gote mit muote
mit lîbe und mit guote.
ouch râte ich dir den selben muot'.
der rât dûhte sî beide guot,
und volgten alsô drâte   625
sînem guoten râte.
  Dô die herren über daz lant
ze hove wurden besant,
und daz sî für quâmen
und ir herren vernâmen,   630
sîner bete wart gevolget sâ.
dem alten bevalch er dâ
sîne swester bî der hant.
sus gedâht er rûmen sîn lant.
den schaz den ir vater lie,   635
der wart mit ir geteilet hie.
  Sus schieden sî sich beide
mit grôzem herzeleide.
enheten sî niht gefürhtet got,
sî heten iemer der werlde spot   640
gedultet für daz scheiden.
man möhte von in beiden
dâ grôzen jâmer hân gesehen.
niemer müeze mir geschehen
alsô grôzer ungemach,   645
als den gelieben geschach,
dô sî sich muosen scheiden.
zewâre ez was in beiden
diu vreude alsô tiure
sam daz îs in dem viure.   650
ein getriuwiu wandelunge ergie,
dô sî sich muosen scheiden hie:
sîn herze volgte ir von dan,
daz ir bestuont bî dem man.

Gregorius.   **2**

durch nôt tet in daz scheiden wê: 655
sin gesâhen ein ander niemer mê.
    Nu fuorte dirre wîse man
sîne juncvrouwen dan
in sîn hûs, dâ ir geschach
michel guot und gemach.   660
nu was diu hûsfrouwe ein wîp
diu beidiu sinne unde lîp
in gotes dienst hâte ergeben:
kein wîp endorfte bezzer leben.
diu half in âne untriuwe steln,   665
ir vrouwen kumber heln,
sô wîbes güete gezam,
daz ir geburt sô ende nam
daz der niemen wart gewar.
ez was ein sun daz sî gebar,   670
der guote sündære
von dem disiu mære
von allerêrste erhaben sint.
ez was ein wünneclîchez kint.
ze des kindes gebürte   675
was niemen zantwürte
niewan dise vrouwen zwô.
der wirt wart dar geladet dô:
unde als er daz kint ersach,
mit den vrouwen er des jach   680
daz nie zer werlde quæme
ein kint alsô genæme.
    Nu wurdens alsô drâte
under in ze râte
wie ez verholn möhte sîn.   685
sî sprâchen, diz schœne kindelîn
daz wære schedelîch verlorn:
nu wære ez aber geborn
mit alsô grôzen sünden,
ezn wolde in got künden,   690
daz sî niene westen
von allen ræten den besten.
an got sazten sî den rât,

daz er sî aller missetât
bewarte an disen dingen.   695
dô muose in wol gelingen;
wan im niemer missegât
der sich ze rehte an in verlât.

Nu kom in vaste in den muot,
in enwære niht sô guot   700
sô daz si ez versanden ûf den sê.
daz wart niht gevristet mê:
der wirt huop sich verstolne
und gewan vil verholne
ein väzzelîn vil veste   705
und hie zuo daz beste
daz deheinez möhte sîn.
dâ wart daz schœne kindelîn
mit manegen trahen in geleit,
under unde über gespreit   710
als rîchiu sîdîniu wât
daz niemen bezzere hât.
ouch wurden zuo im dar in
geleit, als ich bewîset bin,
zweinzic markę von golde,   715
dâ mite man ez solde
ziehen obez ze lande
got iemmer gesande.

Ein tavel wart getragen dar
der vrouwen diu daz kint gebar,   720
diu vil guot helfenbein was,
gezieret wol, als ich ez las,
von golde und von gesteine,
daz ich nie deheine
alsô guote gewan.   725
dâ schreip diu muoter an
sô sî meiste mahte
von des kindes ahte:
wan si hâte den gedingen
daz ez got solde bringen   730
den liuten ze handen
die got an im erkanden.

Dar an stuont geschriben sô:
ez wære von gebürte hô;
und diu ez gebære,   735
daz diu sîn base wære;
sîn vater wære sîn œhein.
ez wære, ze helne daz mein,
versant ûf den sê.
dannoch schreip sî im mê   740
daz man ez toufen solde
und ziehen mit dem golde;
und ob sîn vindære
alsô kristen wære,
daz er im den schaz mêrte   745
und ez ouch diu buoch lêrte,
sîne tavel im behielte
und im der schrift wielte,
würde ez immer ze man,
daz er læse daran   750
alle dise geschiht.
sô überhüebe er sich niht:
unde würde er alsô guot
daz er ze gote sînen muot
wenden begunde,   755
sô buozte er zaller stunde
durch sîner triuwen rât
sînes vater missetât,
und daz er ouch der gedæhte
diu in zer werlde bræhte.   760
des wære in beiden nôt
vür den êwigen tôt.
im enwart dâ niht benant
weder liute noch lant,
geburt noch sîn heimuot,   765
daz was ouch in ze helne guot.
    Dô der brief was gereit,
dô wart diu tavele geleit
zuo im in daz kleine vaz.
dô besluzzen sî daz   770
mit solher gewarheit

daz deheiner slahte leit
geschæhe dem kinde
von regen noch von winde
noch von der ünden vreise   775
ûf der wazzerreise
ze zwein tagen oder ze drin.
alsus truogen sî ez hin
bî der naht zuo dem sê:
vor dem tage enmohtens ê: 780
dâ fundens eine barke
ledege unde starke:
dâ leiten sî mit jâmer an
disen kleinen schefman.
dô sande im der süeze Krist,   785
der bezzer denne genædic ist,
den vil rehten wunschwint:
sî stiezen an, hin vlôz daz kint.
   Ir wizzet wol daz ein man
der ir iewederz nie gewan,   790
rehte liep noch herzeleit,
dem ist der munt niht sô gereit
rehte ze sprechenne dâ von,
sô dem der ir ist gewon.
nu bin ich gescheiden   795
dâ zwischen von in beiden,
wan mir iewederz nie geschach,
ichn gewan nie liep noch ungemach,
ichn lebe übele noch wol.
dâ von enmac ich als ich sol   800
der vrouwen leit entecken
noch mit worten errecken;
wan ez wære von ir schaden
tûsent herze überladen.
   Der leide wâren driu   805
diu diu vrouwe einiu
in ir herzen truoc,
der ieglîches wære genuoc
vil maneges wîbes herzen.
sî truoc den einen smerzen   810

von dem meine daz sî begie
mit ir bruoder den sî lie.
der siechtuom der ander was,
daz sî des kindes genas.
daz dritte was diu vorhte 815
die ir der jâmer worhte
nâch ir lieben kinde,
daz sî dem wilden winde
hete bevolhen ûf den sê,
und enweste niht, wiez im ergê, 820
weder ez genæse oder læge tôt.
sî was geborn ze grôzer nôt.
noch enwas ez niht gescheiden
mit disen drin leiden.
unmanic tac ende nam 825
unze ir bœse mære quam
und der grœzest ungemach
der ir zir lebene ie geschach,
daz ir bruoder wære tôt.
der tôt kom im von seneder nôt. 830
    Dô sî von ir bruoder schiet
als in der wîse beiden riet,
nu begunde er siechen zehant
(des twanc in der minne bant),
und muose belîben sîner vart 835
der er durch got enein wart.
sîn jâmer wart sô vester
nâch sîner lieben swester
daz er ze keiner stunde
sich getrœsten kunde. 840
alsus dorret im der lîp.
swie sî doch jehen daz diu wîp
sêrer minnen dan die man,
desn ist niht. daz schein dar an:
wande sîn herzeleit, 845
daz im was für gespreit,
daz was dâ wider kleine,
niewan diu minne eine,
diu im ein zil des tôdes was:

der het sî vieriu und genas.　　　　　　　850
sus ergreif in diu senede nôt
und lac vor herzeriuwe tôt.
　Diz mære wart ir kunt getân,
dô sî ze kirchen solde gân,
rehte dâ vor drîer tage.　　　　　　　855
nu vuor sî hin mit grôzer klage
und begruob ir bruoder und ir man.
dô sî daz lant zuo ir gewan
unde daz ze mære erschal
in den landen über al,　　　　　　　860
vil manic rîcher herre
nâhen unde verre
die gerten ir ze wîbe.
an gebürte und an lîbe,
an rîcheit und an jugende　　　　　　865
an schœne und an tugende,
an zuht unde an güete,
und an allem ir gemüete
sô was sî guotes mannes wert:
doch wurdens alle entwert.　　　　　　870
　Sî hete zuo ir minne erwelt
weizgot einen starken helt,
den aller tiuristen man
der ie mannes namen gewan.
vor dem zierte sî ir lîp　　　　　　875
als ein minnendez wîp
ûf einen biderben man sol,
dem sî gerne behaget wol.
swie vaste ez sî wider dem site
daz dehein wîp mannes bite,　　　　　880
sô lac sî im doch allez an,
sô sî des state gewan,
mit dem herzen zaller stunde
unde ouch mit dem munde:
ich meine den gnædigen got.　　　　　885
sît daz ir des tiuvels spot
sîne hulde het entworht,
daz hâte sî nu sô sêre ervorht

daz sî vreude und gemach
durch sîne hulde versprach,   890
sô daz sî naht unde tac
solher unmuoze phlac
diu dem lîbe unsamfte tete.
beide mit wachen und mit gebete,
mit almuosen und mit vasten   895
enlie sî den lîp nie gerasten.
diu wâre riuwe was dâ bî,
diu aller sünden machet vrî.
  Nu was ir ein herre
gesezzen unverre,   900
des namen ir vil wol gelîch,
beidiu edel unde rîch:
der leite sînen vlîz dar an
daz sî in næme ze man.
und dô er sîn reht getete   905
mit boteschaft und mit bete
als erz versuochen solde,
und sî sîn niene wolde,
nu wânde er sî gewinnen sô:
mit urliuge und mit drô   910
sô bestuont er sî zehant
und verwuoste ir daz lant.
er gewan ir abe die besten
stete und ir vesten,
unz er sî gar vertreip,   915
daz ir niht beleip
wan eine ir houbetstat.
diu was ouch alsô besat
mit tägelîcher huote,
ezn welle got der guote   920
mit sînen gnâden understân,
sî muoz ouch die verlorn hân.
  Nu lâzen dise rede hie,
und sagen wie ez ergie
dirre vrouwen kinde,   925
daz die wilden winde
wurfen swar in got gebôt,

in daz leben ode in den tôt.
unser herre. got der guote
underwant sich sîn ze huote,   930
von des genâden Jônas
ouch in dem mere genas,
der drîe tage und drîe naht
in dem wâge was bedaht
in eines visches wamme.   935
er was des kindes amme
unz daz erz gesande
wol gesunt ze lande.
  In zwein nahten und in einem tage
kom ez von der ünden slage   940
zuo einem lande,
als ez got dar gesande.
ein klôster an dem stade lac,
des ein geistlich abbet phlac.
der gebôt zwein vischæren   945
daz sî benamen wæren
vor tage vischen ûf den sê.
dô tet in daz weter wê:
der wint wart alsô grôz
daz sî kleine noch grôz   950
mohten gevâhen.
si begunden wider gâhen.
in der widerreise
fundens ûf der freise
sweben des kindes barke.   955
nu wundert sî vil starke
wie sî dar komen wære
alsô liute lære.
sî zugen darzuo sô nâhen
daz sî darinne sâhen   960
ligen daz wênige vaz.
dar ûz huoben sî daz
und leitenz in das schef zuo in:
diu barke ran lære hin.
  Daz wintgestœze wart sô grôz   965
daz sî ûf dem sê verdrôz.

diu state enmohte in niht geschehen
daz sî hæten besehen
waz in dem vazze wære.
daz was in aber unmære: 970
wan sî hâten des gedâht,
sô sîz ze hûse hæten brâht,
sô besæhẹn sî mit gemache
ir fundene sache.
sî wurfen drüber ir gewant   975
und zugen vaste an daz lant.
     Hie mite kurn sî den tac.
der abbet der der zelle phlac,
gie kurzwîlen zuo dem sê,
er alters eine und nieman mê,   980
und wartẹ der vischære,
welch ir gelücke wære.
dô fuoren sî iemitten zuo.
des dûhtẹ den abbet alze vruo:
er sprach 'wiest ez ergangen?   985
habt ir iht gevangen?'
sî sprâchen 'lieber herre,
wir wâren alze verre
gevaren ûf den sê:
uns wart von weter nie so wê: 990
uns was der tôt vil nâch beschert,
wir haben den lîp vil kûme ernert.'
er sprach 'nu lât die vische wesen:
got lobe ich daz ir sît genesen
und alsô komen an daz stat.'   995
der abbet im dô sagen bat,
er sprach, waz ez möhte sîn:
dâ meinde er daz väzzelîn
daz mit dem gewande was gespreit.
diu vrâge was in beiden leit,   1000
und sprâchen wes ein herre
frâgte alsô verre
umb armer liute sache
in beiden ze ungemache.
dô reichte er dar mit dem stabe,   1005

daz gewant warf er abe
und sach daz wênige vaz.
er sprach 'wâ nâmet ir daz?'
nu gedâhten sî maneger lügen,
wie sî den abbet betrügen,   1010
und wolden imz entsaget hân,
und hæten daz ouch wol getân,
wan daz ers wart innen
von unsers herren minnen.

Dô er die vrâge wolde lân   1015
und wider in sîn klôster gân,
do erweinde daz kint vil lûte
und kunte dem gotes trûte
daz ez dâ inne wære.
dô sprach der gewære   1020
'hie ist ein kint inne.
sagt mir in der Minne,
wâ habet irz genomen?
wie ist ez iu zuo komen?
daz wil ich wizzen, crêde mich.'   1025
dô bedâhten sî sich
und sagten im als ich iu ê,
wie sî ez vunden ûf dem sê.
nu hiez erz heven ûf den sant
und lœsen abe diu bant.   1030
dô sah er ligen dar inne
seltsæne gewinne,
ein kint, daz im sîn herze jach
daz er sô schœnez nie gesach.

Der ellende weise,   1035
wand er deheine vreise
gefürhten niene kunde,
mit einem süezen munde
sô lachte er den abbet an.
und alsô der gelêrte man   1040
an sîner tavele gelas
wie daz kint geborn was,
[daz manz noch toufen solde
und ziehen mit dem golde,]

daz kunde er wol verswîgen. 　　　　1045
ze gote begunde er nîgen,
ze himel huop er tougen
die hende und diu ougen,
und lobete got des fundes
und des kindes gesundes. 　　　　　1050
　　Daz kindelîn sî vunden
mit phelle bewunden,
geworht ze Alexandrîe.
nu westen ez die drîe:
ezn wart ouch fürbaz niht gespreit. 　1055
ouch saget man des die wârheit
von den vischæren
daz sî gebruoder wæren.
die muosten im beide
mit triuwen und mit eide 　　　　　1060
vil wol bestæten daz,
si ensagtenz nimmer fürbaz.
　　Die bruoder wâren ungelîch,
der eine was arm, der ander rîch.
der arme bî dem klôster saz, 　　　　1065
der rîche wol hin dan baz
wol über einer mîle zil.
der arme hete kinde vil:
der rîche nie dehein kint gewan,
niuwan ein tohter, diu hete man. 　　1070
nu wart der abbet enein
vil guoter fuoge mit den zwein,
daz sich der ermer man
næme daz kint an
und ez dâ nâhen bî im züge, 　　　　1075
und den liuten alsus lüge,
swer in ze deheiner stunde
frâgen begunde
wâ er daz kint hete genomen,
daz ez im wære komen 　　　　　　1080
von sînes bruoder tohter
(deheinen list enmohter
erdenken sô gefüegen);

unde daz si ez trüegen,
sô sî wol gebiten sît   1085
unze nâch der messezît,
und man den abbet bæte
daz er sô wol tæte
und daz kint selbe toufte
und dâ mite koufte   1090
got unde ir dienesthaften muot.
der rât was gevüege und guot.
    Nu nam der abbet dâ den rât,
daz golt und die sîdîne wât,
und gab dem armen dô zehant,   1095
der sich des kindes underwant,
zwô marke von golde,
dâ mite erz ziehen solde;
dem andern eine marke,
daz er ez hæle starke.   1100
daz ander truog er von dan,
der vil sælige man.
vil wol gehielt er im daz,
dêswâr erne möhte baz;
wand erz ze gewinne kêrte,   1105
unz er imz wol gemêrte.
    Der arme vischære niht enliez
ern tæte als in sîn herre hiez.
dô im der mitte tac quam,
daz kint er an den arm nam: 1110
sîn wîp gie im allez mite
nâch gebiurlîchem site
ze klôster, da er den abbet sach
under sînen bruodern. er sprach
'herre, iu sendet ditze kint   1115
liute die iu willic sint,
mîns bruoder tohter unde ir man,
und geloubent starke dar an,
ob ir ez selbe toufet,
dem kinde sî gekoufet   1120
dâ mit ein sæligez leben,
und geruochet im iuwern namen geben.'

Diu bete was der münche spot.
sî sprâchen 'seht (sô helfe iu got)
ze disem gebiurischen man,
wie wol er sîne rede kan.'   1125
der herre enphie die rede wol,
als der diemüete sol.
als er daz kint ersach,
vor sîner bruoderschaft er sprach   1130
'ez ist ein sô schœne kint:
sît sî des gotes hûses sint,
dêswar wir suln inz niht versagen.'
daz kint hiez er ze toufe tragen.
er huop ez selbe und hiez ez sus,   1135
nâch sînem namen, Grêgôrjus.
   Dô daz kint die toufe enphie,
der abbet sprach 'sît ich nu hie
sîn geistlich vater worden bin,
durch mînes heiles gewin   1140
sô wil ich ez iemmer hân
(ez ist sô sæleclîch getân)
vil gerne an mînes kindes stat.'
vil minneclîche er dô bat
den sînen vischære   1145
daz er sîn vlîzec wære:
er sprach 'nu ziuch mirz schône,
daz ich dirs immer lône.'
daz kint hulfen starke
die sîne zwô marke,   1150
daz man sîn deste baz phlac:
ouch lie der herre unmanegen tac
erne wolde selbe spehen
wie daz kint wære besehen.
   Dô der vischære und sîn wîp   1155
über des süezen kindes lîp
sô rehte vlîzic wâren
unz ze sehs jâren,
der abbet nam ez dô von in
zuo im in daz klôster hin,   1160
und kleidet ez mit solher wât

diu pfeflîchen stât,
und hiez ez diu buoch lêren.
swaz ze triuwen unde ze êren
und ze frümecheit gezôch,   1165
wie lützel ez dâ von vlôch!
wie gerne ez âne slege mit bete
sînes meisters willen tete!
eznlie sich niht betrâgen
ezn wolde dingelîches vrâgen   1170
diu guot ze wizzenne sint,
als ein sæligez kint.
    Diu kint diu vor drin jâren
zuo gesetzet wâren,
mit kunst ez diu sô schiere ervuor   1175
daz der meister selbe swuor,
er gesæhe von aller hande tugent
nie sô sinnerîche jugent.
er was (da enliuge ich niht an)
der jâre ein kint, der witze ein man.   1180
    An sîme einleften jâre
dône was ze wâre
dehein bezzer grâmaticus
danne daz kint Grêgôrjus.
dar nâch in den jâren drin   1185
dô gebezzerte sich sîn sin
alsô daz im divînitas
gar durhliuhtet was:
diu kunst ist von der gotheit.
swaz im für wart geleit   1190
daz lîp und sêle frumend ist,
des ergreif er ie den besten list.
dar nâch las er von lêgibus,
und daz kint wart alsus
in dem selben liste   1195
ein edel lêgiste:
diu kunst sprichet von der ê.
er hete noch gelernet mê,
wan daz er wart geirret dran
als ich iu wol gesagen kan.   1200

Ez leit der vischære
von armuot grôze swære.
sîne huobe lâgen ûf dem sê;
des wart sînẹm lîbe dicke wê,
wand er sich alsus nerte,   1205
sîniu kint erwerte
dem bitterm hunger alle tage
niewan mit sînem bejage,
ê er daz kint funde.
ouch wart dâ zestunde   1210
wol gesenftet sîn leben.
dô im wurden gegeben
von golde zwô marke,
dô bezzerten sich starke
alle sîne sache   1215
an gereite und an gemachc.
nu enlie sîn ungewizzen wîp
nie geruowen sînen lîp
von tägelîcher vrâge.
sî sazte im manege lâge,   1220
ir liste kêrte sî dar zuo
beidiu spâte unde vruo
wie sî daz vernæme
von wanne daz golt quæme.
vil manegen eit sî im swuor,   1225
unz daz sî an im ervuor
von wanne im daz golt was komen,
als ir ê wol habt vernomen.
dô daz wîp wol bevant
daz ez niemen was erkant   1230
wer Grêgôrjus wære,
nune brâhtẹ siz niht ze mære.
si truog ez schône, daz ist wâr,
unz an sîn funfzehende jâr.
   Nu het diu vrouwe Sælicheit   1235
allen wîs an in geleit
ir vil stætigez marc.
er was schœne unde starc,
er was getriuwe unde guot

und hete gedultigen muot.   1240
er hete künste genuoge,
zuht unde fuoge.
er hete unredelîchen zorn
mit senftem muote verkorn.
alle tage er friunt gewan,   1245
und verlôs dar under nieman.
sîne vreude und sîn klagen
kund er ze rehter mâze tragen.
lêre was er undertân,
und milte des er mohte hân,   1250
genendic swâ er solde,
ein zage swâ er wolde,
den kinden ze mâze
ûf der wîsen strâze.
sîn wort gewan nie widerwanc.   1255
ern tet niht âne fürgedanc,
als im diu wîsheit gebôt:
desn wart er nie schamrôt
von deheiner sîner getât.
er suochte genâde unde rât   1260
zallen zîten an got,
und behielt starke sîn gebot.
    Got erloubte dem Wunsche über in
daz er lîp unde sin
meisterte nâch sînem werde.   1265
swâ von ouch ûf der erde
dehein man ze lobenne geschiht,
desn gebrast an im niht.
der Wunsch het in gemeistert sô
daz er sîn was ze kinde vrô: 1270
wande er nihtes an im vergaz:
er heten geschaffet, kunde er, baz.
die liute dem knappen jâhen,
alle die in gesâhen,
daz von vischære   1275
nie geborn wære
dehein jungelinc sô sælden rîch:
ez wære harte schädelîch

Gregorius.   3

daz man in niht mähte
geprîsen von geslähte: 1280
und jâhen des ze stæte,
ob erz an gebürte hæte,
sô wære wol ein rîche lant
ze sîner frümecheit bewant.
   Nu geviel ez eines tages sus   1285
daz der knappe Grêgôrjus
mit sînen spilgenôzen quam
dâ sî spilnes gezam.
nu gefuogte sich ein wunderlîch geschiht
(ezn kom von sînem willen niht):   1290
er getet (daz geschach im nie mê)
des vischæres kinde alsô wê
daz ez weinen began.
sus lief ez schrîende dan.
als daz diu muoter vernam   1295
daz ez sus weinende quam,
ir kinde sî engegen lief,
in grôzen unsiten sî rief
'sich, wie weinest du sus?'
'dâ sluoc mich Grêgôrjus.'   1300
'war umbe hât er dich geslagen?'
'muoter, ich kan dirs niht gesagen.'
'sich her, tæte du im iht?'
'muoter, weizgot nein ich niht.'
'wâ ist er nu?' 'bî jenem sê.'   1305
'wê mir armen wîbe, wê!
er tumber gouch vil betrogen!
hân ich daz an im erzogen
daz er mir bliuwet mîniu kint,
sô wol gefriunt sô sî hie sint?   1310
dînen friunden zimet daz niht wol
daz ich diz laster dulten sol
von einem sô gewanten man,
der nie mâge hie gewan.
daz dich tar gebliuwen der   1315
der sich hât verrunnen her,
daz ist mir iemmer ein leit.

wan daz man imz durch got vertreit,
man dulte ez vil unlange vrist.
jane weiz nieman wer er ist.   1320
[und ist daz ich nu leben sol,
ich sag ez al der werlte wol
daz er ein funtkint ist
(sô helfe mir der heilege Krist),
swie hôhe er nu sî gesezzen.   1325
des hât er gar vergezzen
daz er sô jæmerlîch wart funden
in ein vaz gebunden
in einer barke ûf dem sê.
sol er mînem kinde tuon wê,   1330
man dultet ez unlange vrist.
jane weiz hie nieman wer er ist.]
wê mir, wes ist im gedâht?
der tiuvel hât in her brâht
mir ze einer harnschar.   1335
ja erkenne ich sîn geverte gar,
er fundene dürftige.
wan wolde er daz man verswige
sîn schäntlîche sache?
sô lebte er mit gemache.   1340
die vische sîn verwâzen,
daz sî in niene vrâzen,
do er ûf den sê geworfen wart.
er ergreif ein sælige vart,
daz er dem abte zuo quam.   1345
wan daz ern dînem vater nam
und sîn almuosenære ist,
sô müese er uns, wizze Krist,
anders undertænic sîn:
er müese uns rinder und swîn   1350
trîben ûz unde in.
war tet dîn vater sînen sin,
do er in mit frostiger hant
ûf dem gemeinen sê vant,
daz er in dem abbte liez   1355
und in im selben niene hiez

dienen sam durch allez reht
tæte̦ sîn schalc und sîn kneht?'
  Grêgôrjus, do er daz kint gesluoc,
dar umbe was er trûrec gnuoc,   1360
und lief im ze hûse nâch.
dar umbe was im alsô gâch
daz er des sêre vorhte
daz im daz kint entworhte
sîner ammen minne.   1365
nu erhôrte er sî dar inne
schelten âne mâze.
nu gestuont er an der strâze,
unz er den itewîz vernam
und unverwister dinge quam   1370
gar an ein ende,
daz er ellende
wære in dem lande,
wan sî in ofte nande.
sîn vreude wart verborgen   1375
in disen niuwen sorgen.
er gedâhte im grôzer swære,
ob disiu rede wære
ein lüge ode ein wârheit,
die sîn amme hete geseit,   1380
unde gâhte dô zehant
ze klôster, da er den abbet vant,
und nam den getriuwen man
von den liuten sunder hin dan.
  Er sprach 'mîn vil lieber herre,   1385
ich kan iu niht sô verre
genâden mit dem munde,
als, ob ich kunde,
vil gerne tæte.
nu belîbe ich dar an stæte   1390
daz ich unz an mînes tôdes zil
den dar umbe bitten wil
der deheiner guottât
niemer ungelônet lât,
daz er iu des lône   1395

mit der himelischen krône
(dêswâr des hân ich michel reht)
daz ir mich ellenden kneht
von einem funden kinde
für allez iuwer gesinde   1400
sô zartlîchen habt erzogen.
leider ich bin des betrogen,
ichn bin niht der ich wânde sîn.
nu sult ir, lieber herre mîn,
mir durch got gebieten.   1405
ich sol und muoz mich nieten
nôt und angest (daz ist reht)
als ein ellender kneht.
     Mir hât mîn amme des verjehen
(in einem zorn ist daz geschehen)   1410
daz ich funden bin.
beidiu lîp unde sin
benimt mir diu unêre,
vernim ichs iemmer mêre.
ichn hœre sî weizgot niemer mê,   1415
wand ich niht langer hie bestê.
jâ vinde ich eteswâ daz lant
daz dâ niemen ist erkant
wie ich her komen bin.
ich hân die kunst und ouch den sin,   1420
ich genise wol, und wil ez got.
sô sêre fürhte ich den spot:
ich wold ê sîn dâ niemen ist,
ê daz ich für dise vrist
belibe hie ze lande.   1425
jâ vertrîbet mich diu schande.
diu wîp sint sô unverdagt:
sît sî ez eines hât gesagt,
sô wizzen ez vil schiere
drîe unde viere   1430
und dar nâch alle die hie sint.'
     Der abbet sprach 'vil liebez kint,
nu hœre: ich wil dir râten wol,
als ich mînem lieben sol,

den ich von kindę gezogen hân.   1435
got hât vil wol zuo dir getân:
er hât von sînen minnen
an lîbe unde an sinnen
dir vil vrîe wal gegeben,
daz du nu selbe dîn leben   1440
maht schephen unde kêren
ze schanden ode ze êren.
nu muost du disen selben strît,
in disen jâręn, ze dirre zît,
under disen beiden   1445
nâch dîner kür scheiden,
swaz du dir wilt erwerben,
genesen ode verderben,
daz du des nu beginnen solt.
sun, nu wis dir selben holt,   1450
und volge mîner lêre
(sô hâst du tugent und êre
für laster und für spot erkorn),
daz dir durch dînen tumben zorn
der werke iht werde sô gâch   1455
daz ez dich geriuwe dar nâch.
    Du bist ein sælic jungelinc,
ze wunsche stânt dir dîniu dinc,
dîn begin ist harte guot,
die liute tragent dir holden muot   1460
die in disen landen sint.
nu volge mir, mîn liebez kint.
du bist der pfafheit gewon:
nu entziuch dich niht dâ von.
du wirst der buoche wîse: 1465
sô bin ich der jâre grîse,
mîn lîp ist schiere gelegen:
nu wil ich dir für wâr verpflegen
daz ich dir nu erwirbe,
swenn ich darnâch erstirbe,   1470
umb unser samenunge,
alte unde junge,
daz sî dich nement ze herren.

nu waz mac dir gewerren
einer tœrinne klaffen?   1475
ouch trûwe ich wol geschaffen
daz diu rede für dise stunt
nimmer kumt vür ir munt.'
    Grêgôrjus sprach 'herre,
ir habet got vil verre   1480
an mir armen gêret
und iuwer heil gemêret
und nu daz beste für geleit.
nu ist mir mîn tumpheit
alsô sêre erbolgen,   1485
sine lât mich iu niht volgen.
mich vertrîbent drîe sache
ze mînem ungemache
ûzer disem lande.
daz eine ist diu schande   1490
die ich von itewîze hân.
sô ist diu ander sô getân
diu mich ouch verjaget hin:
ich weiz nu daz ich niene bin
disse vischæres kint.   1495
nu waz ob mîne vordern sint
von solhem geslehte
daz ich wol werden mehte
ritter, ob ich hæte
den willen und daz geræte?   1500
weiz got nu was ie mîn muot,
hæt ich die geburt und daz guot,
ich würde gerne ritter.
daz süeze honec ist bitter
einem ieglîchen man   1505
der ez geniezen niene kan.
ir habt daz süezeste leben
daz got der werlde hât gegeben:
swer imz ze rehte hât erkorn,
der ist sælic geborn.   1510
ich belibe hie lîhte stæte,
ob ich den willen hæte

des ich leider niht enhân.
ze ritterschefte stât mîn wân.'
'Sun, dîn rede enist niht guot: 1515
durch got bekêre dînen muot.
swer sich von pfaffen bilde
gote machet wilde
unde ritterschaft begât,
der muoz mit maneger missetât   1520
verwürken sêle und lîp.
swelch man ode wîp
sich von gote wendet,
der wirt dâ von geschendet
und der helle verselt.   1525
sun, ich hete dich erwelt
ze einem gotes kinde:
ob ich ez an dir vinde,
des wil ich immer wesen vrô.'
Grêgôrjus antwurte im dô   1530
  'Ritterschaft daz ist ein leben,
der im die mâze kan gegeben,
sone mac niemen baz genesen.
er mac gotes ritter gerner wesen
dann ein betrogen klôsterman.'   1535
'sun, nu fürhte ich dîn dar an:
dune kanst ze ritterschaft niht:
sô man dich danne gesiht
umbehendeclîchen rîten,
sô muost du ze allen zîten   1540
dulten ander ritter spot.
noch erwint, vil lieber sun, durch got.'
'herre, ich bin ein junger man
und lerne des ich niht enkan.
swar ich die sinne wenden wil,   1545
des gelerne ich schiere vil.'
  'Sun, mir saget vil maneger munt,
dem ze ritterschaft ist kunt,
swer dâ ze schuole belîbe
und er dâ vertrîbe   1550
uugeriten zwelf jâr,

der müeze iemmer für wâr
gebâren nâch den pfaffen.
du bist vil wol geschaffen
ze einem gotes kinde   1555
und ze kôrgesinde:
diu kutte gestuont nie manne baz.'
'herre nu versuocht ouch daz,
und gebet mir ritterlîche wât:
dêswâr ob sî mir missestât,   1560
sô gan ich ir wol eim andern man
und lege die kutten wider an.
herre, iu ist vil wâr geseit:
ez bedarf vil wol gewonheit
swer guot ritter wesen sol.   1565
ouch hân ich ez gelernet wol
von kinde in mînem muote hie:
ezn kom ûz mînem sinne nie.
ich sage iu, sît der stunde
daz ich bedenken kunde   1570
beidiu übel unde guot,
sô stuont ze ritterschaft mîn muot.
ichn wart nie mit gedanke
ein Beier noch ein Franke.
swelch ritter ze Henegouwe,   1575
ze Brâbant und ze Haspengouwe,
ze orse ie aller beste gesaz,
sô kan ichz mit gedanken baz.
herre, swaz ich der buoche kan,
dâne gerou mich nie niht an   1580
und kund ir gerne mêre:
iedoch sô man mich sêre
ie unz her ze den buochen twanc,
sô turnierte mîn gedanc.
sô man mich der buoche wente,   1585
wie sich mîn herze sente
und mîn gedanc spilte
gegen einem schilte!
ouch was mir ie vil ger
für den griffel zuo dem sper,   1590

für die veder ze dem swerte.
daz ist des ich ie gerte.
mînem gedanken wart nie baz
danne sô ich z' orsę gesaz
und den schilt ze halse genam,   1595
und daz sper ze hant alsam,
und daz undern arm gesluoc,
und mich daz ors von sprunge truoc.
sô liez ich die schenkel vliegen:
die kunde ich sô gebiegen   1600
daz ich daz ors mit sporn sluoc,
weder ze den lankęn noch in den buoc,
dâ hinder eines vingers breit
dâ der surzengel ist geleit.
neben der mane vlugen diu bein,   1605
ob des sateles ich schein
als ich wære gemâlet dar.
ders möhte hân genomen war,
mit guoter gehabe ich reit
âne des lîbes arbeit: 1610
ich gab im senften gelimpf
als ez wære mîn schimpf.
und sô ich mich mit sporen vleiz
ûf einen langen puneiz,
sô kunde ich wol gewenden   1615
daz ros ze beiden henden.
gejustierte ich ie wider keinen man,
dâ gevâlte ich nie an,
mîn merken würde wol bewant
ze den vier nageln gegen der hant.   1620
nu helfet, lieber herre, mir
daz diu ritterlîche gir
mit werken müeze volgân:
sô habt ir wol zuo mir getân.'
 'Sun, du hâst mir vil geseit,   1625
manic tiutsch wort für geleit,
daz mich vil sêre umbe dich
wundern muoz, crêde mich,
und weiz niht war zuo daz sol,

ich vernæme kriechisch alsô wol.   1630
unser meister, der dîn phlac
mit lêre unz an disen tac,
von dem hâst dus niht vernomen.
von swannen sî dir zuo sîn komen,
du bist, daz merke ich wol dar an,   1635
des muotes niht ein klôsterman.
nu wil ich dichs niht wenden mê.
got gebe daz ez dir wol ergê,
und gebe durch sîne kraft
heil zuo dîner ritterschaft.'   1640
   Nu schuof er daz man im sneit
von dem selben phelle kleit,
den er dâ bî im vant:
ezn kom nie bezzer in daz lant.
er sach wol daz im was gâch,   1645
unde machte in dar nâch
ritter als im wol tohte
sô er schierest mohte.
   Grêgôrjus, dô er ritter wart,
dannoch heter im niht enbart   1650
umb sîne tavel und umb sîn golt.
er was im alsô starke holt
daz erz in hal durch einen list:
er gedâhte 'sît er nu ritter ist
und er des guotes niene hât,   1655
sô hœrt er lîhte mînen rât
und belîbet noch durch guot gemach.'
er versuocht ez aber unde sprach
'noch belîbe, lieber sun, bî mir.
dêswâr ich gefüege dir   1660
ein alsô rîche hîrât
diu wol nâch dînem willen stât,
unde gibe dir al die vrist
daz du vil schône varende bist.
du hâst gewunnen ritters namen: 1665
nu muos' du dich dîner armuot schamen.
nu waz touc dîn ritterschaft,
dune hetest guotes die kraft?

nu enkumst du in dehein lant
dâ du iemen sîst erkant: 1670
dane hâst du vriunt noch vorder habe:
sich, dâ verdirbest du abe.
noch bekêre dînen muot,
und belîp: daz ist dir guot.'
    Grêgôrjus sprach 'herre,   1675
versuochetz niht sô verre.
wold ich gemach für êre,
sô volgte ich iuwer lêre
und lieze nider mînen muot:
wan mîn gemach wærẹ hie guot.   1680
jâ tuot ez manegem schaden
der der habe ist überladen:
der verlît sich durch gemach;
daz dem armen nie geschach,
der dâ rehte ist gemuot: 1685
wandẹ der arbeitẹt umbe guot
den lîp manegen enden.
wie möhte erz baz gewenden?
wan ob er sich gewirden kan,
er wirt vil lîhte ein sælic man   1690
unde über diu lant
für manegen herren erkant.
daz ich heize ein arm man,
dâ bin ich unschuldec an.
ich trage sî alle samet hie,   1695
die huobẹ die mir mîn vater lie.
sît ez mir nu sô geziuhet
daz diu Sælde von mir vliuhet
und ich niewan ir gruoz
mit frumecheit gedienen muoz,   1700
dêswâr ich kan sî wol erjagen,
sine welle sich mir mê versagen
dan si sich noch iemẹn versagte
der sî ze rehte jagte.
sus sol man sî erloufen,   1705
mit kumber sælde koufen.
dâne zwîvel ich niht an,

wird ich ein rehte frumer man
an lîbe unde an sinne,
ichn gediene wol ir minne: 1710
unde bin ich aber ein zage,
sone müeze ich niemmer drîe tage
geleben, so ich hinnen kêre.
waz solde ich âne êre?
ob ich mit rehter arbeit,   1715
mit sinne und mit manheit,
erwirbe guot und êre,
des prîset man mich mêre
danne dem sîn vater wunder lie
und daz mit schanden zergie.   1720
    Wes bedarf ich mê danne ich hân?
mîniu ors sint guot und wol getân,
mîne knehte biderbe unde guot
und hânt getriulîchen muot:
sô bin ich ze harnasche wol: 1725
swâ man guot bejagen sol,
dâ getrûwe ich harte wol genesen.
diz sol der rede ein ende wesen:
herre, iuwern gnâden sî genigen
und des mit hulden verzigen   1730
daz ich iht langer hie bestê.'
    'Sun, sô wil ich dich niht mê
sûmen für dise vrist
(ich sihe wol daz dir ernest ist),
swie ungerne ich dîn enbir.   1735
lieber sun, nu ganc mit mir:
wan ich wil dich sehen lân
waz ich noch dînes dinges hân.
    Sus fuorte in der getriuwe man
vil sêre weinende dan   1740
ûf eine kemenâten,
die er vil wol berâten
mit sîdîner wæte vant,
und gab im in sîne hant
sîne tavel, daz er las   1745
wie allem sînem dinge was.

des wart er trûrec unde vrô.
sîn trûren schuof sich alsô
als ich iu hie künde:
er weinde von der sünde, 1750
dâ er inne was geborn.
dâ wider hâte er im erkorn
guote vreude dar abe,
von hôher geburt, von rîcher habe,
der er ê niht enweste. 1755
dô sprach der triuwen veste
der sîn herre was gewesen
'sun, nu hâst du wol gelesen
daz ich dich unz her hân verdagt:
dîn tavel hât dirz wol gesagt. 1760
nu hân ich mit dînem golde
gebâret als ich solde
nâch dîner muoter gebote:
ich hân dir ez in gote
gemêret harte starke. 1765
fünfzec und hundert marke
hân wir dir gewunnen,
swie übele wirz kunnen,
von sibenzehen sît den stunden
daz wir dich êrste funden. 1770
ich gap in drî und niht mê,
die dich mir brâhten ab dem sê.
alsus vil ist dîner habe:
dâ begêst du dich schône abe
zuo anderm gewinne, 1775
hâst du deheine sinne.'
    Des antwurt im Grêgôrjus
vil sêre weinende sus.
'ouwê, lieber herre,
ich bin vervallen verre 1780
ân alle mîne schulde.
wie sol ich gotes hulde
gewinnen nâch der missetât
diu hie vor mir geschriben stât?'
'vil lieber sun, daz sage ich dir. 1785

dêswâr, des geloube mir,
gestâst du bî der ritterschaft,
sich, sô mêret sich diu kraft
dîner tägelîchen missetât,
unde enwirt dîn niemmer rât.   1790
dâ von sô lâ dîn irrecheit
die du an hâst geleit,
unde diene gote hie.
jane übersach er dienest nie.
sun, nu stant im hie ze klage,   1795
und verkoufe dîne kurze tage
umb daz êwige leben.
sun, den rât wil ich dir geben.'
    'Ouwê, lieber herre,
jâ ist mîn gir noch merre   1800
zuo der werlte denne ê.
ichn geruowe niemer mê
und wil iemmer varnde sîn,
mirn tuo noch gotes gnâde schîn
von wanne ich sî ode wer.'   1805
'sun, des bewîse dich der
der dich nâch im gebildet hât,
sît du verwirfest mînen rat.'
    Ein schef wart im bereite,
dâ man im an leite   1810
zem lîbe volleclîchen rât,
spîse, sîn golt, sîne wât.
und dô er ze scheffe gie,
der abbet begab in nie
unz er an daz schef getrat.   1815
alsus rûmte er daz stat.
swie sêre sî gescheiden diu tugent
under alter und under jugent,
so ergie doch von in beiden
ein jæmerlîchez scheiden.   1820
sine mohten der ougen
ein ander niht verlougen
unz sî sich vor dem breiten sê
enmohten undersehen mê.

Nu bôt der ellende   1825
herze unde hende
ze himel und bat vil verre
daz in unser herre
sante in etelîchez lant
dâ sîn vart wære bewant.   1830
er gebôt den marnæren
daz sî den winden wæren
nâch ir willen undertân
und daz schef liezen gân
swar ez die winde lêrten,   1835
und anders niene kêrten.
ein starc wint in dô wæte:
der beleip in stæte,
und wurden in vil kurzen tagen
von einem sturme geslagen   1840
ûf sîner muoter lant.
daz was verhert und verbrant,
als ich iu ê gesaget hân,
daz ir niht mêre was verlân
niewan ir houbestat,   1845
diu ouch mit kumber was besat.
und als er die stat an sach,
zuo den marnæren er dô sprach
daz sî dar wanten
die segele unde lanten.   1850
    Dô die burgære sâhen
daz schef dort zuo gâhen,
dô sazten sî sich mit her
disem scheffe ze wer.
nu zeigte in der ellende   1855
fridelîche hende
und vrâgte die burgære
waz ir angest wære.
des nam sî besunder
alle michel wunder,   1860
von wannen der herre
gevarn wære sô verre
daz er des niene weste.

ir einer der beste
undersagte im vil gar,   1865
als ich iu ê, waz in war.
   Als er ir nôt hâte vernomen,
er sprach 'sô bin ich rehte komen.
daz ist des ich got ie bat,
daz er mich bræhte an die stat   1870
dâ ich ze tuone funde,
daz ich mîne junge stunde
niht müezec enlæge,
dâ man urliuges phlæge.
geruochet es diu vrouwe mîn,   1875
ich wil ir soldenære sîn.'
   Nu sâhen sî daz er wære
vil harte lobebære
an lîbe unde an guote:
mit willigem muote   1880
wart er geherberget dô.
diu vrouwe was des gastes vrô:
doch enhete sin dannoch niht gesehen.
nu was im dar an wol geschehen:
den er ze wirte gewan,   1885
der was ein harte vrum man,
der besten einer von der stat.
swaz er dem gebôt unde bat,
daz fuor nâch sînem muote.
daz galt er wol mit guote.   1890
sîn zerunge was rîche,
und doch sô bescheidenlîche
daz im dar under nie gebrast;
des wart er ein werder gast.
   Dô er vernam diu mære   1895
daz diu vrouwe wære
schœne junc und âne man,
und daz ir daz urliuge dar an
und diu ungenâde geschach
daz sî den herzogen versprach,   1900
und daz sî ze stæte
die man versprochen hæte,

Gregorius.   4

dô hæte er sî gernę gesehen:
und wie daz möhte geschehen
âne missewende,   1905
des vrâgte der ellende.
ouch was ir von im geseit
diu zuht und diu frümecheit
daz ouch sî in vil gerne sach;
daz selten gaste dâ geschach.   1910
    Wan daz was ir ällich site:
dâ erzeigte sî mite
ir angestlîche swære
(wan ir was vreude unmære):
er wære arm ode rîch,   1915
gast ode heimlîch,
den lie sî sich nie gesehen,
ezn möhte ze münster geschehen,
dâ sî stuont an ir gebëte,
als sî ze allen zîten tete,   1920
ez benæme ir slâf ode maz.
nu riet der wirt dem gaste daz
daz er ir truhsæzen bat
daz er in bræhte an die stat
dâ er sî möhte gesehen.   1925
daz lie der truhsæzę geschehen.
er nam in eines tages sît
fruo in einer messezît
und fuorte in an sîner hant
da er sî an ir gebete vant,   1930
und lie in sî wol beschouwen.
der truhsæzę sprach zer vrouwen
'vrouwe, grüezet disen man,
wand er iu wol gedienen kan.'
für einen gast enphies ir kint: 1935
ouch was sîn herze dar an blint
unde im unkunt genuoc
daz in diu selbe vrouwe truoc.
    Nu sach si in vlîzeclîchen an
und mê dan sî deheinen man   1940
vordes ie getæte.

daz kom von sîner wæte.
dô sî die rehte besach,
wider sich selben sî des jach,
daz daz sîdîne gewant   1945
daz sî mit ir selber hant
zuo ir kinde het geleit,
unde disse gastes kleit,
gelîche wærn begarwe
der güete und der varwe: 1950
ez wære benamen daz selbe gewant,
ode daz sî von einer hant
geworht wæren beide.
daz ermante sî ir leide.
nu behagte im diu vrouwe wol,   1955
als einem manne ein wîp sol,
an der nihtes gebrast:
ouch behagte ir der gast
baz danne ie man getæte.
daz machten sîne ræte,   1960
der ouch vroun Êven verriet,
dô sî von gotes gebote schiet.
   Sus bevalch in diu guote
in des truhsæzen huote,
unde schieden sich sâ.   1965
sîn herze lie er bî ir dâ,
und vleiz sich deste mêre
ûf prîs unde ûf êre,
daz er sî hâte gesehen.
im was sô liebe dran geschehen   1970
daz er sich dûhte vreudenrîch.
nu vant man aller tägelîch
ritterschaft vor der stat,
swie des mannes herze bat,
ze orse und ze fuoze.   1975
daz was sîn unmuoze.
des wart er schiere mære:
swenne die burgære
an die vînde quâmen,
swelhen schaden sî dâ nâmen,   1980

sô vergie in selten daz
ern getæte ie ettewaz
dâ von er wart ze schalle
und ze prîse für sî alle.
　　Daz treip er unz ûf die stunde　　　　　1985
daz er wesen kunde
ritter swie man gerte,
ze sper und ze swerte.
als er die kunst vil gar bevant
tägelîchen mit der hant,　　　　　　　　1990
und er benamen weste
daz er wærę der beste
(er hete ellen unde kraft
und ganze kunst ze ritterschaft),
dô êrste wart sîn vrävele grôz.　　　　　1995
wie lützel in der nôt verdrôz!
er was der vîende hagel,
an jagen ein houbt, an fluht ein zagel.
　　Nu was der Rômære
von sîner manheit mære,　　　　　　　　2000
der herzoge der in daz lant
hâtę verhert und verbrant,
vil sterker denne ein ander man.
ouch was dem selben dar an
sô schône gelungen　　　　　　　　　　2005
daz er mit gemeiner zungen
ze dem besten ritter wart genant
über elliu diu lant.
nu was daz sîn gewonheit
daz er eine dicke reit　　　　　　　　　2010
durch justieren für daz tor.
dâ tet erz ritterlîchen vor:
wan swelch ritter guot
durch sînen ritterlîchen muot
her ûz justierte wider in,　　　　　　　2015
den fuort er ie gevangen hin
ze der burgærę gesihte
und envorhte sî ze nihte.
des het er alsô vil getriben

daz in nu niemen was beliben   2020
der in bestüende mêre:
doch versuochte erz dicke sêre.
   Nu erschamte sich Grêgôrjus,
daz in ein man alsus
het geleit ein michel her   2025
âne aller slahte wer.
dô gedâhte er ofte dar an:
nu sihe ich dicke daz ein man
der zabel sêre minnet,
swenn er daz guot gewinnet   2030
daz er ûf zabel wâgen wil,
vindet er danne ein glîchez spil,
sô dunket er sich harte rîch:
und istz ouch ein teil ungelîch,
er bestêtz ûf einen guoten val.   2035
nu hân ich eines spiles wal,
bin et ich sô wol gemuot
daz ich mîn vil armez guot
wâge wider sô rîche habe,
daz ich iemer dar abe   2040
geêret und gerîchet bin,
ob mir gevallet der gewin.
   Ich bin ein ungelopter man,
und verzagte noch nie dar an,
ichn gedenke dar nâch alle tage,   2045
wie ich die sælde bejage
daz ich ze vollem lobe gestê.
nu enweiz ich niht wie daz ergê:
ichn wâge drumbe den lîp,
man hât mich immer für ein wîp,   2050
und bin der êren betrogen.
mag ich nu disen herzogen
ûf gotes genâde bestân?
nu weiz ich doch wol daz ich hân
beidiu sterke und den muot.   2055
ich wil benamen diz arme guot
wâgen ûf disem spil.
man klaget mich niht ze vil,

ob ich von im tôt gelige:
ist aber daz ich im an gesige,   2060
sô bin ich êren rîche
iemmer êweclîche.
daz wizze man unde wîp,
mir ist lieber daz mîn lîp
bescheidenlîche ein ende gebe   2065
dan daz ich lasterlîchen lebe.'
   Grêgôrjus sich des gar bewac
daz er ez deheinen tac
wolde vristen mêre:
durch got und durch êre   2070
wold er verliesen sînen lîp
ode daz unschuldige wîp
lœsen von des herren hant
der ir genomen hâte ir lant.
diz saget er niewan einem man   2075
der im mohte wol dar an
gefrumen und gewerren,
dem oberisten herren:
er wolde ez nieman mê sagen.
morgen do ez begunde tagen,   2080
dô hôrt er eine messe vruo,
und bereite sich dar zuo
als er ze velde wolde komen.
der wirt wart zuo der rede genomen:
der half im ûz für die stat.   2085
mit grôzem vlîze er in des bat
daz er des war næme,
swenne er wider quæme,
daz er in lieze wider in,
er bræhte flust ode gewin.   2090
   Alsus kom der guote
mit manlîchem muote
geriten über jenez velt
für des herzogen gezelt,
da er in inne weste.   2095
nu ersahen der muotveste,
unde wâffente sich sâ

unde ouch niemen mêre dâ.
alle dier dâ hâte
die ruoften daz man drâte   2100
im sîn ors gewünne:
er vorhtẹ daz erm entrünne.
   Als in Grêgôrjus komen sach,
vil sinneclîchen im geschach.
er begunde im entwîchen   2105
vil harte kärclîchen
zuo den sînen für daz tor.
vil wol erbeitte er sîn dâ vor,
ob ern bekumbern möhte,
daz im niene töhte   2110
diu hilfe von sînem her.
nu saz diu burcmûr und diu wer
vol ritter unde vrouwen,
die daz wolden schouwen
wederm dâ gelunge.   2115
nune sûmtẹ sich niht der junge.
   Ir ietwederre sich dâ vleiz
ûf einen langen puneiz.
zuo ein ander wart in ger.
alse schiere sî diu sper   2120
undẹr die arme sluogen,
diu ros si zesamene truogen.
diu sper wâren kurz und grôz;
des ir ietwederre missenôz:
wande ir ietwederre stach   2125
daz sîn, daz ez ze stücken brach,
und daz sî doch gesâzen.
wie lützel sî vergâzen
der swerte bî der siten!
seht hie begunden strîten   2130
zwênẹ gelîchẹ starke man,
der dewederre nie gewan
unredelîche zageheit
(daz sî iu für wâr geseit)
alse grôz als umbe ein hâr,   2135
unde ez muoste dâ für wâr

den strît under in beiden
kunst unde gelücke scheiden.
  Dô ir ietwederre genuoc
mit dem swerte gesluoc,   2140
dô bekumbert in alsus
der getühtige Grêgôrjus
daz er in zoumen began,
und fuort in mit gewalte dan
vaste gegen dem bürgetor.   2145
daz was im noch beslozzen vor,
und enwart niht drâte in verlân.
nu hâte des war getân
des herzogen ritterschaft.
diu begunde mit aller ir kraft   2150
gegen ir herren gâhen.
dô daz die burgœre sâhen,
dô wurfen se ûf diu bürgetor.
alsus ergie dâ vor
der allerhertiste strît   2155
der vordes ode sît
von sô vil liuten ergie.
do behabte Grêgôrjus hie
sînen gevangenen man
und brâhte in ritterlîche dan.   2160
zuo sluogen sî diu bürgetor.
dô huoben sî dâ vor
einen sturm harte grôz.
unlanc was daz sî des verdrôz.
  Der sælige Grêgôrjus   2165
der bejagte im alsus
des tages michel êre
und het von grôzem sêre
erlœset sîner muoter lant
mit sîner ellenthaften hant.   2170
vordes was sîn prîs sô grôz
daz niemen frumen des verdrôz
ern spræche sîn êre;
nu hât er ir aber mêre.
ouch hât diu vrouwe und ir lant   2175

von sîner gehülfigen hant
alle ir nôt überkomen.
swaz sî schaden hâte genomen,
der wart ir volleclîche erstat,
als sî gebôt unde bat,   2180
und enphie des rehte sicherheit
daz er ir dehein leit
füdermâl getæte.
daz liez er harte stæte.
    Dô diz nœtige lant   2185
sînen kumber überwant
und mit fride stuont als ê,
nu tet den lantherren wê
diu tägelîche vorhte
die in der zwîvel worhte,   2190
daz ez in sam müese ergân,
ob sî aber wolde bestân
dehein gewaltigiu hant.
sî sprâchen ez wære daz grôze lant
mit einem wîbe unbewart   2195
vor unrehter hôhvart;
und heten sî einen herren,
sone möhte in niht gewerren.
    Nu wurden se alsô drâte
under in ze râte   2200
daz sî die vrouwen bæten,
und daz mit vlîze tæten,
daz se einen man næme
der in ze herren gezæme:
daz wære in allen enden guot.   2205
sî westen wol, daz sî den muot
ir durch got hæte erkorn
daz sî hæte verborn
und verbern wolde alle man.
dâ missetæte sî an   2210
ir leben wær übele bewant,
ob sî ein sô rîchez lant
ir dankes âne erben
sus wolde verderben.

diz wæren ir ræte,   2215
daz sî noch baz tæte
wider die werlt und wider got
(si behielte sô baz sîn gebot),
daz si einen man næme
und erben bequæme.   2220
diz was benamen der beste rât:
wande êlich hîrât
daz ist daz aller beste leben
daz got der werlde hât gegeben.

      Dô ir der rehten wârheit   2225
alsô vil wart für geleit,
sî volgte ir râte und ir bete
alsô daz sîz in gote tete,
und gelopte ze nemen einen man.
dâ geschach ir aller wille an.   2230
nu rieten sî über al
daz man ir lieze die wal
ze nemen swen sî wolde.
dô daz wesen solde,
dô gedâhte diu guote   2235
vil dicke in ir muote
wen sî nemen möhte
der baz ir muote töhte
danne den selben man
(und geviel vil gar dar an)   2240
den ir got hete gesant
ze lœsen sî unde ir lant.
daz was ir sun Grêgôrjus.
dar nâch wart er alsus
vil schiere sîner muoter man.   2245
da ergie des tiuvels wille an.
      Dô sî den herren sagte
wer ir dar zuo behagte,
nu wâren sî niemens alsô vrô:
ze herren nâmen sî in dô.   2250
ez enwart nie wünne merre
dan diu vrouwe und der herre
mit ein ander hâten:

wan sî wârẹn berâten
mit liebe in grôzen triuwen:　　　　　2255
seht, daz ergie mit riuwen.
er was guot rihtære,
von sîner milte mære:
swaz einem manne mac gegeben
ze der werlte ein wünneclîchez leben,　2260
des hât er gar des wunsches wal:
daz nam einen gæhen val.
　Sîn lant und sîne marke
die befridet er alsô starke,
swer sî mit arge ruorte,　　　　　　2265
daz er den zefuorte
der êren und des guotes.
er was vestes muotes:
enhæt erz niht durch got verlân,
im müesen wesen undertân　　　　　　2270
swaz im der lande was gelegen.
nu wolde aber er der mâze pflegen:
durch die gotes êre
sone gerte er nihtes mêre
wan daz im dienen solde:　　　　　　2275
fürbaz er niene wolde.
　Die tavel hât er alle wege
in sîner heimlîchen pflege
verborgẹn ûf sîner veste,
dâ die niemen weste,　　　　　　　2280
diu dâ bî im funden was;
an der er tägelîchen las
sîne sündeclîche sache
den ougen zungemache,
wie er geboren würde,　　　　　　　2285
und die süntlîche bürde
sîner muotẹr und sînes vater.
unsern herren got bater
in beiden umbe hulde,
und erkande niht der schulde　　　　2290
diu ûf sîn selbes rücke lac,
die er naht unde tac

mit sîner muoter uobte,
dâ mit er got betruobte.
   Nu was dâ ze hove ein magt,   2295
alsô karc, sô man sagt,
diu verstuont sich sîner klage wol,
als ich iu nu sagen sol;
wan sî der kemenâten pflac,
dâ diu tavel inne lac.   2300
er het genomen ze sîner klage
ie eine zît in dem tage,
die er niemmer versaz.
nu gemarhtę diu juncvrouwe daz,
swenne si in dar in verlie,   2305
daz er dar lachende gie,
und schiet ie als ein riuwec man
mit rôten ougen dan.
   Nu vleiz si sich iemer mêre
herzelîchen sêre   2310
wie sî daz rehte ersæhe
wâ von diu klage geschæhe,
und sleich im eines tages mite,
dô er aber nâch sînem site
ze kemenâten klagen gie.   2315
dô was diu juncvrouwe hie
und barc sich unz daz sî gesach
sînen klägelîchen ungemach,
und daz er an der tavel las,
als sîn gewonheit was.   2320
dô er des harte vil getete
mit weinen unde mit gebete,
dô truckent er diu ougen
und wânde sîniu tougen
vor al der werlt wol bewarn.   2325
nu hetez diu magt alsus ervarn.
war er die tavel leite,
daz ersach sî vil gereite.
   Dô sîn klage ein ende nam,
diu maget vil harte schiere quam   2330
zuo der vrouwen unde sprach

'vrouwę, waz ist der ungemach
dâ von mîn herre trûret sô,
daz ir mit im niht sît unfrô?'
diu vrouwe sprach 'was meinest du?   2335
jâ schiet er niuwelîchen nu
von uns vil vrœlîchen hie:
waz möhte er, sît er von mir gie,
vernomen hân der mære
dâ von er trûrec wære?   2340
wære im solhes iht gesaget,
dazn hete er mich niht verdaget.
im enist ze weinen niht geschehen:
du hâst entriuwen missesehen.'
'vrouwe, leider ich enhân.   2345
dêswâr ich sach in hiute stân
dâ in ein riuwe gevie
diu mir an mîn herze gie.'
   'Sich, jâ was ez ie dîn site,
unde hâst mir dâ mite   2350
gemachet manege swære,
dun gesagtest nie guot mære.
noch baz du gedagetest
dan du die lüge sagetest
diu mir ze schaden gezüge.'   2355
'vrouwe, diz ist niht ein lüge.
jane ist niht anders mîn klage
wan daz ich iu sô wâr sage.'
'sich, sô meinest duz doch sô?'
'entriuwen jâ, er ist unvrô.   2360
ich wânde ir westetz michel baz.
jâ vrouwe, waz mac wesen daz
daz er vor iu sô gar verstilt,
wan er iuch anders niht enhilt?
zewâre, vrouwe, swaz ez sî,   2365
im wont ein grôziu swære bî.
ich hân es ouch mê war genomen:
nu bin ichs an ein ende komen,
daz er sô grôzen kumber treit,
den er noch niemen hât geseit.   2370

Sît er dises landes phlac,
sone lie er nie deheinen tac
ern gienge ie wider morgen
eine und verborgen
in die kemenâten,　　　　　　　　　　　　　　2375
fröude wol berâten:
swie vrœlîch er dar in gie,
sô schiet er doch ze jungest ie
her ûz vil harte riuwevar.
doch genam ichs nie sô rehte war　　　　　　2380
als ich hiute hân getân.
dô ich in sach dar in gân,
dô stal ich mich mit im dar in
und barc mich dâ unz daz ich in
und alle sîne gebærde ersach.　　　　　　　2385
ich sach in grôzen ungemach
von unmanlîcher klage begân
unde vor ime hân
ein dinc daran geschriben was:
dô er daz sach unde las,　　　　　　　　　　2390
sô sluog er sich zen brüsten ie,
und bôt sich an sîniu knie
mit venjen vil dicke,
mit manegem ûfblicke.
ich gesach nie man mêre　　　　　　　　　　2395
geweinen alsô sêre.
dâ bî erkande ich harte wol
daz sîn herze ist leides vol:
wan dâ enzwîvel ich niht an
umb einen sô geherzen man,　　　　　　　　2400
swâ dem ze weinen geschiht,
daz ist âne herzeriuwe niht,
als ich in hiute weinen sach.'
diu vrouwe trûreclîchen sprach
'Ouwê mîns lieben herren!　　　　　　　　　2405
waz mac im danne werren?
mirst sînes kumbers niht mê kunt.
wan er ist junc und gesunt
und rîch ze guoter mâze;

dar zuo ich niene lâze   2410
ich vâre sîns willen als ich sol.
dêswâr des mac mich lüsten wol,
wand er daz wol verschulden kan.
gewan ie wîp tiurern man,
dêswâr daz lâze ich âne zorn: 2415
wand er wart weizgot nie geborn.
ouwê mir armen wîbe!
jane geschach mînem lîbe
nie deheiner slahte guot,
unde ouch niemer getuot,   2420
niewan von sîn eines tugent.
nu waz mag im ze sîner jugent
sô vil ze weinen sîn geschehen
als ich dich dâ hœre jehen?
nu tuo mir ettelîchen rât,   2425
sît daz er michz verswigen hât,
wie ich sîn leit ervar
daz ich mich doch an im bewar.
ich fürhte, ob ich mirz sagen bite,
ich verliese in dâ mite.   2430
ich weiz wol, swelch sache
im ze leide od ze ungemache
geschæhe diu ze sagen ist,
dien verswige er mich deheine vrist.
nune ger ich doch deheine geschiht   2435
wider sînen willen ze wizzen niht,
wan daz mir diz durch einen list
alsô nôt ze wizzen ist,
ob sîner swære
iender alsô wære   2440
daz im mîn helfe töhte
und im sî benemen möhte.
daz er mich ie deheine geschiht,
sî züge ze fröuden ode niht,
verswige, des was ich ungewon,   2445
und bin wol gewis dâ von
daz er mir diz ungerne saget.'
'nu râte ich iu wol,' sprach diu maget,

'daz ir ez harte wol ervart
und doch sîne hulde bewart.   2450
dâ ich in dâ stênde sach
klagende sînen ungemach,
die stat marhte ich harte wol,
als ich sî iu zeigen sol.
dô er geweinde genuoc   2455
und sich zen brüsten gesluoc,
daz er dâ vor im hâte
daz barc er alsô drâte
in ein mûrloch über sich.
die selben stat die marht ich.   2460
muget ir des erbîten
(er wil doch birsen rîten),
vrouwe, sô füere ich iuch dar
und zeige ez iu: sô nemet ir war
waz dar an geschriben sî: 2465
dâ erkennet ir ez bî.
ez enist niht âne daz,
dar an enstê ettewaz
geschriben von sînen sorgen
die er sus hât verborgen.'   2470
    Dô er nâch sîner gewonheit
ze walde birsen gereit,
dô tet sî alsô drâte
nâch der magde râte
und gie dâ sî die tavel vant,   2475
unde erkande sî zehant,
daz ez diu selbe wære,
als man iu an dem mære
ouch dâ vor seite,
die sî zir kinde leite.   2480
unde als sî dar an gelas
daz sî aber versenket was
in den vil tiefen ünden
tœtlîcher sünden,
dô dûhte sî sich unsælic gnuoc.   2485
zuo den brüsten sî sich sluoc
und brach ûz ir schœne hâr.

si gedâhte daz sî für wâr
zuo der helle wærę geborn,
und got hæte verkorn   2490
ir herzenlîchez riuwen
daz sî begienc mit triuwen
umbe ir erren missetât,
als man iu ê gesaget hât,
sît er des tiuvels râte   2495
nu aber verhenget hâte
daz sî an der sünden grunt
was gevallen anderstunt.
    Ir vröuden sunne wart bedaht
mit tôtvinsterre naht.   2500
ich wæne ir herze wære
gebrochen von der swære,
wan daz ein kurz gedinge
ir muot tete ringe,
und stuont ir trôst doch gar dar an.   2505
si gedâhte 'waz ob mînem man
disiu tavel ist zuo brâht
anders danne ich hân gedâht?
ob got mînen sun gesande
gesunden ze lande,   2510
ettewer der in dâ vant
der hât die tavel und daz gewant
mînem herręn ze koufen geben.
des gedingen wil ich leben,
unz ich die rede rehte ervar.'   2515
ein bote wart gewunnen dar,
unde besande alsô balde
ir herren dâ ze walde.
    Der bote gâhte dô zehant
dâ er sînen herren vant.   2520
zuo dem sprach er alsus
'herzoge Grêgôrjus,
ob ir iemmer mîne vrouwen
lebende welt beschouwen,
sô geseht sî vil drâte,   2525
ode ir komet ze spâte.

Gregorius.   5

ich lie se in grôzer ungehabe.'
nu wart Grêgôrjus dar abe
vil harte riuwec unde unvrô.
er sprach 'geselle, wie redest du sô?   2530
jâ liez ich sî an dirre stunt
vil harte vrô und wol gesunt.'
'herre, des wil ouch ich jehen.
ja ist ez an dirre stunt geschehen.'
   Ze walde wart niht mê gebiten: 2535
vil balde sî ze hûse riten.
dane wart (des wil ich iu verpflegen)
niht vil erbeizet under wegen,
unz daz er vol hin quam
dâ sîn vreude ein ende nam.   2540
wande er muose schouwen
an sîner lieben vrouwen
ein swære ougenweide.
ir hiufeln was vor leide
diu rôsenvarwe entwichen,   2545
diu schœne varwe erblichen:
sus vant er sî tôtvar.
des entweich ouch im sîn vreude gar.
vil grôz jâmer dâ ergie:
wande zwei gelieber nie   2550
mannes ouge gesach.
der guote sündære sprach
'vrouwe, wie gehabet ir iuch sô?'
vil kûme gantwurte sî im dô,
wand ir der sûft die sprâche brach.   2555
mit halben worten sî sprach
   'Herre, ich mac wol riuwec sîn.'
'waz wirret iu, liebiu vrouwe mîn?'
'herre, des ist alsô vil
daz ich ez gote klagen wil   2560
daz ich ie ze der werlt quam:
wan mir ist diu Sælde gram.
verfluochet was diu stunde
von unsers herren munde,
dâ ich inne wart geborn.   2565

Unsælde hât ûf mich gesworn
und behaltet vaste an mir den eit;
wan mir ie tûsent herzenleit
wider eime liebe sint geschehen.
herre, ir sult mir des verjehen   2570
von wannen ir geborn sît.
ez wære ê gewesen zît
der frâge die ich nu begân:
ich wæne ich sî verspætet hân.'
'Vrouwe, ich weiz wol waz ir klaget: 2575
iu hât etewer gesaget
daz ich niht sî ein edel man.
weste ich wer iuch dar an
alsus geleidet hæte,
ez gelægen mîne ræte   2580
niemer unz ûf sînen tôt;
nu hel sich wol, des ist im nôt.
swer er ist, er hât gelogen:
ich bin von einem herzogen
vil endelîche geborn.   2585
ir sult mir volgen âne zorn,
daz wir der rede hie gedagen:
ich enkan iu fürbaz niht gesagen.'
    Sus antwurte im diu vrouwe dô.
'der rede enist niht, herre, alsô.   2590
jâne sæhe ich den man
weizgot nimmer lachend an,
der mir von iu sagte
daz iu niht behagte:
ern funde hie niht guot antwurt.   2595
jâ fürhte ich, iuwer geburt
diu sî mir alze genôzsam.'
die tavel sî her für nam,
sî sprach 'sît ir der man
(dâne helt mich niht an)   2600
von dem hie an geschriben stât?
sô hât uns des tiuvels rât
versenket sêle unde lîp;
ich bin iuwer muoter und iuwer wîp.'

Nu sprechet wie dâ wære   2605
dem guoten sündære.
er was in leides gebote.
sînen zorn huob er hin ze gote,
er sprach 'diz ist des ich ie bat,
daz mich got bræhte ûf die stat   2610
daz mir sô wol geschæhe
daz ich mit vreuden sæhe
mîne liebe muoter.
rîcher got vil guoter,
des hâst du anders mich gewert   2615
danne ichs an dich hân gegert.
ich gertes in minem muote
nâch liebe und nâch guote:
nu hân ich sî gesehen sô
daz ich des nimmer wirde vrô,   2620
wand ich sî baz verbære
denn ich ir sus heimlich wære.'
    Ich weiz wol daz Jûdas
niht riuwiger was
dô er sich vor leide hie,   2625
danne diu zwei hie.
ouch entrûrte Dâvît
nihtes mêre zuo der zît
dô im kômen mære
daz erslagen wære   2630
Saul unde Jônathas
und Absalôn, der dâ was
sîn sun, der schœniste man
den wîp ie ze sun gewan.
    Swer ir jâmer unde ir klagen   2635
vol an ein ende solde sagen,
der müese wîser sîn dan ich,
ich wæne, ez wære unmügelich
daz ez iu mit einem munde
iemen wol gesagen kunde.   2640
sich möhte vil nâch der tôt
gemâzet haben ze dirre nôt:
den hæten sî, wær er in komen,

ze voller wirtschaft genomen.
in wâren diu beide   2645
gesat in glîche leide,
beidiu sêle unde lîp.
wâ vriesch ie man ode wîp
deheiner slahte swære
diu alsô gar wære   2650
âne aller hande trôst?
diu sêle entsaz den hellerôst:
sô was der lîp in beiden
bekumbert umbe ir scheiden.
ez hât geschaffet diu gotes kraft   2655
ein missemüete geselleschaft,
diu doch samet belîbe,
under sêle und under lîbe.
wan swaz dem lîbe samfte tuot,
dazn ist der sêle dehein guot: 2660
swâ mite aber diu sêle ist genesen,
daz muoz des lîbes kumber wesen.
nu liten sî beidenthalben nôt:
daz was ein zwivaltiger tôt.
    Diu vrouwe ûz grôzem jâmer sprach,   2665
wan sî den jâmer ane sach
'ouwê ich verfluochtez wîp!
jâ kumbert maneger den lîp,
daz des diu sêle werde vrô:
dem geschiht ouch alsô.   2670
so bewigt sich manec man und wîp
der sêle umbe den lîp,
und lebt in dirre werlde wol.
nune mag ich noch ensol
mînem lîbe niht des gejehen   2675
des im ze guote sî geschehen:
ist mir diu sêle nu verlorn,
sô ist der heize gotes zorn
vil gar ûf mich gevallen,
als den verfluochten allen.   2680
mich wundert, nâch der missetât
die mir der lîp begangen hât,

daz mich diu erdę geruochet tragen.
sun herre, muget ir mir sagen
(wan ir habt der buoche vil gelesen), 2685
möht aber dehein buoze wesen
über sämelîche missetât,
ob des nu ist dehein rât
(des ich wol muoz getrûwen)
ich enmüezę die helle bûwen, 2690
dâ mite ich doch verschulde daz
daz sî mir doch ettewaz
senfter sî dan maneges leben
der ouch der helle ist gegeben?'
    'Muoter,' sprach Grêgôrjus, 2695
'gesprechet niemer mêre alsus:
ez ist wider dem gebote.
niht verzwîvelt an gote:
ir sult vil harte wol genesen.
jâ hân ich einen trôst gelesen, 2700
daz got die wâren riuwe hât
ze buoze übęr alle missetât.
iuwer sêle ist nie sô ungesunt,
wirt iu daz ouge ze einer stunt
von herzelîcher riuwe naz, 2705
ir sît genesen, geloubet daz.
belîbęt bî iuwerm lande.
an spîse und an gewande
sult ir dem lîbe entziehen,
gemach und vreude fliehen. 2710
irn sultz sô niht behalten
daz irs iht wellet walten
durch deheine werltlîche êre,
niewan daz ir deste mêre
got rihtet mit dem guote. 2715
jâ tuot ez wirs dem muote,
der guotes lebens wal hât
und er sich sîn âne begât,
denne ob des enbirt ein man
des er teil nie gewan. 2720
ir sît ein schuldigez wîp:

des lât enkelten den lîp
mit tägelîcher arbeit,
sô daz im sî widerseit
des er dâ aller meiste ger: 2725
sus habet in, unz er iu wer,
in der riuwen bande.
den gelt von iuwerm lande
den teilet mit den armen:
sô müezet ir got erbarmen. 2730
bestiftet iuwer eigen,
swâ iuwer wîsen zeigen,
mit rîchen klôstern (daz ist guot):
sus senftet sînen zornegen muot,
den wir sô gar erbelget hân. 2735
ich wil im ouch ze buoze stân.
vrouwe, liebiu muoter mîn,
diz sol diu jungest rede sîn
die ich iemmer wider iuch getuo.
wir suln ez bringen dar zuo 2740
daz uns noch got gelîche
gesamne in sînem rîche.
ichn gesihe iuch niemmer mê:
wir wæren baz gescheiden ê.
dem lande und dem guote 2745
und werltlîchem muote
dem sî hiute widerseit.'
hin tet er diu rîchen kleit
und schiet sich von dem lande
mit dürftigen gewande. 2750
   Ez wâren dem rîchen dürftigen
alle genâde verzigen,
wan daz er al sîn arbeit
mit willigem muote leit.
er gerte in sînem muote 2755
daz in got der guote
sande in eine wüeste,
dâ er inne müeste
büezen unz an sînen tôt.
spilnde bestuont er dise nôt. 2760

er schûhte âne mâze
die ḷiute und die strâze
und daz blôze gevilde:
allez gegen der wilde
sô rihtẹ der arme sîne wege.   2765
er wuot diu wazzer bî dem stege.
mit marwen füezen ungeschuoch
streich er walt unde bruoch,
sô daz er sînẹs gebetes phlac
ungâz unz an den dritten tac.   2770
    Nu gie ein stîc (der was smal)
nâhe bî einem sê ze tal.
den ergreif der lîplôse man
unde gevolgete im dan
unz er ein hiuselîn gesach: 2775
dar kêrtẹ der arme durch gemach.
ein vischærẹ het gehûset dâ,
den dûhtẹ daz niender anderswâ
daz vischen wæger wære.
den bat der riuwesære   2780
der herberge durch got.
von dem dulte er merren spot
dann er gewon wære.
als im der vischære
sînen schœnen lîp gesach,   2785
er wegtẹ daz houbet unde sprach
    'Jâ du starker trügenære!
ob ez sô wære
daz ich der tôrheit wielte
daz ich dich frâz behielte,   2790
sô næmẹ dich, grozẹ gebûre,
der rede vil untûre,
so ich hînte entsliefe und mîn wîp,
daz du uns beiden den lîp
næmest umbe unser guot.   2795
ouwê wie übel diu werlt tuot,
daz die liute under in
dultent solhen ungewin,
sô manegen unnützen man,

des got nie êre gewan,   2800
und wüestent doch die liute.
ez wære ein breit geriute
zuo dînen armen wol bewant:
ez zæme baz in dîner hant
ein houwe unde ein gart,   2805
danne dîn umbevart.
ez ist ein wol gewantez brôt
(daz dir der tiuvel tuo den tôt!)
daz du frâz verswendest.
wie du dîn sterke schendest!   2810
rûme daz hûs vil drâte.'
nu was ez harte spâte.
do emphie der sündære
diz schelten âne swære
und mit lachendem muote.   2815
sus antwurt im der guote.
    'Herre, ir habt mir wâr geseit.
swer guote gewarheit
im selben schaffet, daz ist sin.'
guoter naht wunschte er in   2820
und schiet lachende dan.
der wîselôse man
hôrte gerne disen spot
unde lobte sîn got
der selben unwerdecheit.   2825
swelch versmæcheit unde leit
sînem lîbe wære geschehen,
die het er gerne gesehen.
het im der ungeborne
grôze slege von zorne   2830
über sînen rükke geslagen,
daz het er gerne vertragen,
ob sîner sünden swære
iht deste ringer wære.
    Des übelen vischæres wîp   2835
erbarmte sich über sînen lîp.
si bedûhte des daz er wære
niht ein trügenære.

des scheltens des in der man tete
umb sîne dürfticlîche bete, 2840
des ervolleten ir diu ougen.
sî sprach 'des ist unlougen
erne sî ein guot man:
ze wâre ich sihe ez im wol an.
got lâze dichs niht engelten: 2845
du hâst getân ein schelten
daz dînem heile nâhen gât.
du weist wol daz dîn hûs stât
den liuten alsô verre:
swenne dich unser herre 2850
dîner sælden ermante
und dir sînen boten sante,
den soldest du enphâhen baz,
und vil wol bedenken daz:
dirn kom kein dürftige nie, 2855
sît wir begunden bûwen hie,
wan dirre armman,
der ouch niht vil dar an gewan.
swelch man sich alle tage
begên muoz von bejage, 2860
als du mit zwîvel hâst getân,
der solde got vor ougen hân.
daz tuo aber noch, daz rât ich dir,
sô helfe dir got, und gunne mir
daz ich im ruofen müeze. 2865
sîn vart diu ist unsüeze:
jane gêt er nie sô balde,
ern benahte in dem walde.
engezzent in die wolve niht,
daz aber vil lîhte geschiht, 2870
sô muoz er dâ ungâz ligen
und aller gnâden verzigen.
lâ mir daz ze gewalte
daz ich in behalte.'
　　Sus gesenfte sî mit güete 2875
dem vischære sîn gemüete,
daz er ir des gunde

daz sî dâ zestunde
dem wîselôsen nâch lief
und daz sî im her wider rief.   2880
    Dô si in her widere gewan,
dô was dem vischenden man
sîn âbentezzen bereit.
der grôzen unwirdecheit
die er ân aller slahte nôt   2885
dem edeln dürftigen bôt,
der wold in daz wîp ergetzen
und begunde im für setzen
ir aller besten spîse.
die versprach der wîse,   2890
swie vil sî in genôte.
ein ranft von haberbrôte
wart im dar gewunnen
und ein trunc eins brunnen.
alsô sprach er wider daz wîp   2895
daz kûme sîn sündec lîp
der spîse wert wære.
dô in der vischære
die kranken spîse ezzen sach,
dô schalt ern aber unde sprach   2900
    'Ouwê daz ich diz sehen sol!
ja erkenne ich trügenære wol
und alle trügewîse.
dune hâst sô kranker spîse
dich niht unz her begangen   2905
ezn schînt an dînen wangen
weder vrost noch hungers nôt;
diu sint sô veiz und sô rôt.
ezn gesach nie man noch wîp
deheinen wætlîchern lîp: 2910
den hâst du niht gewunnen
von brôte noch von brunnen.
du bist gemestet harte wol,
dîne schenkel sint sleht, dîne füeze hol,
dîne zêhen gelîmet unde lanc,   2915
dîne nagel lûter unde blanc.

dîne füeze solden unden
breit sîn und zeschrunden
als einem wallendem man.
nune kiuse ich dînen schenkeln an   2920
deheinen val noch stôz:
sine sint niht lange gewesen blôz:
wie wol sî des bewart sint
daz sî vrost oder wint
iender habe gerüeret!   2925
sleht und unzefüeret
ist dîn hâr, und dîn lîch
eime gemasten frâze gelîch.
dîn arme und dîne hende
stênt âne missewende: 2930
die sint sô sleht und sô wîz:
du hâst ir anderen vlîz
an dîner heimelîche
danne du hie tuost gelîche.
ich bin des âne sorgen   2935
dune beginnest dich morgen
dirre nôt ergetzen.
du kanst dich baz gesetzen,
dâ du ez veile vindest,
dâ du wol überwindest   2940
weizgot alle dîne nôt,
dâ diz vil dürre haberbrôt,
und dirre brunne wære
dînem munde unmære.'
    Dise rede enphie der guote   2945
mit lachendem muote,
und woldes geniezen wider got
daz er leit sô grôzen spot
von alsô swacher geburt.
ern gab im dehein antwurt   2950
unze ûf die stunde
daz er in begunde
frâgen der mære
waz mannes er wære.
    Er sprach 'herre, ich bin ein man   2955

daz ich niht ahte wizzen kan
mîner süntlîchen schulde,
und suoche umb gotes hulde
eine stat in dirre wüeste,
ûf der ich iemmer müeste   2960
büezen unz an mînen tôt
vaste mit des lîbes nôt.
ez ist hiute der dritte tac
daz ich der werlde verpflac
und allez nâch der wilde gie.   2965
ichn versach mich niht hie
gebiuwes noch liute.
und sît daz mich hiute
mîn wec zuo iu getragen hât,
sô suoche ich gnâde unde rât.   2970
wizzet ir iender hie bî
eine stat diu mir gevellic sî,
einen wilden stein ode ein hol,
des bewîset mich: sô tuot ir wol.'
    Des antwurte im der vischære dô   2975
'sît du des gerst, vriunt, sô wis vrô.
dêswâr ich bringe dich wol hein.
ich weiz hie bî uns einen stein,
ein lützel über disen sê:
dâ mac dir wol werden wê.   2980
swie wir daz erringen
daz wir dich dar bringen,
dâ maht du dich mit swæren tagen
dînes kumbers wol beklagen.   2985
er ist dir genuoc wilde.
wart des ie dehein bilde
daz dîn muot ze riuwe stât,
sô tuon ich dir einen ganzen rât.
ich hân ein îsenhalten
nu lange her behalten: 2990
die wil ich dir ze stiure geben,
daz du bestætest dîn leben
ûf dem selben steine.
die sliuz zuo dînem beine.

geriuwęt dich danne der gedanc,   2995
sô muost du under dînen danc
doch dar ûfe bestân.
ez ist der stein alsô getân,
der joch ledege füeze hât,
daz er unsanfte drabe gât.   3000
sî dir nu ernest dar zuo,
sô ganc slâfen und wis vruo,
dîn îsenhalten nim zuo dir,
sitze an mîn schef zuo mîr,
sô ich vor tage vischen var.   3005
ich kêrę durch dîne libe dar,
und hilfe dir ûf den stein,
und beheftę dir dîniu bein
mit der îsenhalten,
daz du dâ muost alten   3010
und daz du wærlîche
ûf disem ertrîche
mich niemmer gedrangest;
des bin ich gar ân angest.'
swie erz mit hônschaft tæte,   3015
sô wâren diz die ræte
rehte als er wünschen wolde,
ob er wünschen solde.
    Nu was der unguote man
harte strenge dar an   3020
daz er im deheinęs gemaches
sô vil sô des obedaches
in sînem hûse engunde.
sîn wîp im enkunde
mit allen ir sinnen   3025
daz niht an gewinnen
daz er dar inne wærę beliben.
er wart en hundęs wîs ûz getriben
an den hof für die tür.
dâ gie er frœlîchen für.   3030
    Des nahtes wart er geleit
wider sînęr gewonheit
in ein sô armez hiuselîn

daz ez niht armer möhte sîn:
daz was zevallen, âne dach,   3035
man schuof dem fürsten solhẹn gemach
der vil gar unmære
sînem aschman wære.
er vant dar inne swachen rât,
weder strô noch bettewât: 3040
im truoc daz guote wîp dar in
ein lützel rôres under in.
dô leite er gehalten
sîne îsenhalten
und sîne tavele dar zuo,   3045
daz er sî vunde morgen vruo.
   Wie lützel er die naht lac!
sînes gebetes er phlac
unz in diu müede übergie.
dô er ze slâfe gevie,   3050
dô was ez nâhen bî dem tage.
dô fuor der vischærẹ nach bejage:
dar zuo was er fruo bereit
nâch sîner gewonheit.
nu ruofte er sînem gaste: 3055
dô slief er alsô vaste
als ez von grôzer müede quam,
daz er sîn rüefen niht vernam.
dô ruofte er im anderstunt:
er sprach 'mir was ê wol kunt   3060
daz disem trügenære
der rede niht ernest wære.
ichn gerüefẹ dir niemmer mê.'
alsus gâhte er zuo dem sê.
   Dô diz daz guote wîp ersach   3065
sî wahte in ûf unde sprach
'wil du varn, guot man,
sich, dâ sûmest du dich an.
mîn wirt wil varen ûf den sê.'
done wart niht gebiten mê.   3070
er vorhte im grôzer swære,
daz er versûmet wære:

dâ wider wart er dô
sînes muotes harte vrô,
daz er in solde füeren hin   3075
als er gelopte wider in.
diu liebe und diu leide
die machten im beide
ze sînem gâhenne daz
daz er der tavele vergaz   3080
die er zallen zîten
truoc bî sîner sîten.
die îsenhalten truog er dan
unde gâhte nâch dem man.
   Er ruofte durch got daz er sîn bite. 3085
alsus fuorte ern mit unsite
ûf jenen wilden stein:
dâ beslôz er im diu bein
vaste in die îsenhalten.
er sprach 'hie muost du alten.   3090
dichn füere mit sînen sinnen
der tievel von hinnen,
dune kumst hin abe nimmer mê'.
den slüzzel warf er in den sê,
er sprach 'daz weiz ich âne wân,   3095
swenn ich den slüzzel funden hân
ûz der tiefen ünde,
sô bist du âne sünde
unde wol ein heilic man.'
er lie in dâ und schiet er dan.   3100
   Der arme Grêgôrjus,
nu beleip er alsus
ûf dem wilden steine
aller gnâden eine.
ern hete andern gemach,   3105
niuwan der himel was sîn dach.
ern hâte deheinen scherm mê
für rîfen noch für snê,
für wint noch für regen,
niuwan den gotes segen.   3110
im wâren kleider vremede,
niuwan ein hærîn hemede:

im wâren bein und arme blôz.
ern möhtę der spîse die er nôz,
als ich iu rehte nu sage,   3115
weizgot vierzehen tage
vor dem hunger niht geleben,
im enwære gegeben
der trôstgeist von Kriste,
der im daz leben vriste,   3120
daz er vor hunger genas.
ich sage iu waz sîn spîse was.
ez seic ûz dem steine
wazzers harte kleine.
dar under gruob er ein hol: 3125
daz wart mit einem trunke vol.
ez was sô kleinę daz ez nâch sage
zwischen naht unde tage
vil kûme vollez geran.
daz tranc der gnâdenlôse man.   3130
sus lebt er sibenzehen jâr.
daz dunket manegen niht wâr:
des gelouben velsche ich:
wan got ist niht unmügelich,
ze tuone swaz er wil,   3135
im ist keines wunders ze vil
    Dô der gnâden eine
ûf dem wilden steine
sibenzehen jâr gesaz
unde got an im vergaz   3140
sîner houbetschulde
unz ûf sîne hulde,
dô starp, als ich ez las,
der dô ze Rôme bâbest was.
alse schiere er starp,   3145
ein ieglich Rômære warp
besunder sînem künne
durch die gotes wünne
umb den selben gewalt.
ir strît wart sô manecvalt   3150
daz sî beide durch nît

Gregorius.   6

unde durch der êren gît
bescheiden niene kunden
wem sî des stuoles gunden.
  Nu rieten sî über al   3155
daz sî liezen die wal
an unseren herren got,
daz sîn genâde und sîn gebot
erzeigte wer im wære
guot ze rihtære.   3160
dienstes si im gedâhten,
daz sî ouch volbrâhten
mit almuosęn und mit gebete.
got dô genædeclîchen tete,
der ie der guoten vrâge riet.   3165
eines nahtes er beschiet
wîsen Rômæren zwein,
an den sô volleclîchen schein
diu triuwe und diu wârheit
daz ir wort was ein eit.   3170
  Dâ sî besunder lâgen
und ir gebetes pflâgen,
diu gotes stimme sprach in zuo
daz sî des næhsten tages vruo
die Rômærę zesamene bæten   3175
und in daz kunt tæten
waz gotes wille wære
umbe ir rihtære.
ez wærę gesezzen eine
ûf einem wilden steine   3180
ein man in Equitânjâ
(den enweste niemen dâ)
wol sibenzehen jâr:
zuo dem wære für wâr
der stuol vil wol bewant,   3185
und wærę Grêgôrjus genant.
daz erz in beiden tete kunt,
daz meindę daz eines mannes munt
niht mac erziugen wol,
swaz grôze kraft haben sol.   3190

Nune weste ir deweder niht
umbe dise geschiht
daz in diu rede beiden
des nahtes wart bescheiden,
unz sî zesamme quâmen   3195
und ez under in vernâmen.
unde als sî getâten
als sî vernomen hâten,
dô einer sîne rede gesprach
und der ander mite jach,   3200
dô geloubten Rômære
vil gerne disiu mære:
ze gote wâren sî vil vrô.
die alten herren wurden dô
ze boten beide gesant   3205
in Equitânjam daz lant,
daz sî den guoten man
suochten unde bræhten in dan.
    Nu bekumberte sî daz:
der stein dâ er ûffe saz,   3210
derne wart in niht benant.
mit zwîvel fuorens in daz lant.
dâ gevorschten sî genuoc,
swar sî ir wec truoc:
nune kunde in nieman gesagen.   3215
daz begunden sî von herzen klagen
dem der in beruochet
der genâde an in suochet.
nu gesande in got in ir sin,
solden si immer vinden in,   3220
daz man in danne müeste
suochen in der wüeste.
sus begunden sî gâhen,
dâ si daz gebirge sâhen,
in die wilde zuo dem sê.   3225
der zwîvel tet in harte wê
daz sî niht wizzen kunden
wâ sî ir herren funden.
    Dô wîste sî diu wilde

6*

ze walde von gevilde.   3230
sus vuor diu wegelôse diet,
als in ir gemüete riet,
irre unz an den dritten tac.
einen stîc âne huofslac
den ergriffen sî dô: 3235
des wâren sî vil vrô.
der grasege wec ungebert
der truoc sî verre in einen wert,
dâ der vischære bî dem sê
saz, dâ von ich iu sagte ê,   3240
der den sælderîchen
sô ungezogenlîchen
in sînen dürften enphie
und die übele an im begie
daz er in durch sînen haz   3245
sazte dâ er noch saz,
ûf den dürren wilden stein,
unde im dâ sîniu bein
slôz in die îsenhalten.
dô die zwêne alten   3250
daz hiuselîn gesâhen,
ze sælden sî des jâhen,
daz sî dâ nâch ir unmaht
geruowen müesen die naht.
   Gefüeret hâten sî mit in   3255
die spîse (daz was ein schœner sin)
der sî bedorften ze nôt,
beidiu wîn unde brôt,
und dar zuo swaz in tohte,
daz man gefüeren mohte.   3260
des enphie der vischære
mit vreuden âne swære
die wol berâten geste.
er sach wol unde weste,
er möhte ir wol geniezen: 3265
desn wolde in niht verdriezen
ern schüef in rîchen gemach,
wand er sî wol berâten sach.

daz tet er mêre umbe ir guot
denne durch sînen milten muot.   3270
er enphie sî baz dan den gast
dem des guotes gebrast,
Grêgôrjum den reinen man:
in dûhte dan wære niht nutzes an.

    Dô sî gewunnen guoten gemach,   3275
der vischære zuo den gesten sprach
'mir ist harte wol geschehen,
sît ich hie solde gesehen
alsô guote liute:
ich hân gevangen hiute   3280
einen harte schœnen visch.'
sus wart er ûf einen tisch
für die herren geleit.
nu hete er niht misseseit:
wand er was lanc unde grôz;   3285
des er vil gerne genôz
an den phenningen.
dâ wart ein kurzez dingen:
sî hiezen in im gelten sâ,
unde bâten in dâ   3290
den wirt selben gellen.
nu begunde er in zevellen,
daz si ez alle sâhen an.
dô vant der schatzgîre man
den slüzzel in sînem magen,   3295
von dem ir ê hôrtet sagen,
dâ er Grêgôrjum mite
beslôz mit unsüezem site
vor sibenzehen jâren ê,
unde warf in in den sê,   3300
und sprach, ze swelher stunde
er den slüzzel funde
ûz des mêres ünde,
sô wære er âne sünde.
do er in in dem vische vant,   3305
dô erkande er sich zehant
wie er getobet hâte:

und vie sich alsô drâte
mit beiden handen in daz hâr.
ich het im geholfen für wâr,   3310
wære ich im gewesen bî,
swie erbolgen ich im anders sî.
    Do er sich geroufte genuoc
und sich zen brüsten gesluoc,
dô frâgten in die herren   3315
waz im möhte gewerren,
dô si in sô tiure sâhen klagen.
nu begunde er in vil rehte sagen
umb Grêgôrjum sînen gast,
daz in des mæres niht gebrast.   3320
ich wæne ez unnütze wære,
ob ich daz vorder mære
iu nu aber anderstunt
mit ganzen worten tæte kunt:
sô machte ich ûz einer rede zwô.   3325
die boten wurden harte vrô:
wan si spürten an dem mære
daz ez der selbe wære
an den in got selbe riet
und in ze bâbest beschiet.'   3330
    Dô er in beiden gelîche
alsô offenlîche
sîne bîhte getete,
ir füeze suochte er mit bete,
daz si im etelîchen rât   3335
tæten für die missetât.
dô sî den grôzen riuwen
mit geistlîchen triuwen
gesâhen an dem armen,
nu begund er sî erbarmen,   3340
und gehiezen sî im daz,
er möhte vil deste baz
komen von sînem meine,
ob er sî zuo dem steine
des morgens wolde wîsen.   3345
nu sâhen im die grîsen

diu ougen über wallen,
die heizen zäher vallen
über sînen grâwen bart.
er sprach 'waz touc uns diu vart?   3350
vil wol wîse ich iuch dar:
die vart verliese wir gar.
ich weiz wol, erst nu lange tôt.
ich lie in in maneger nôt
ûf dem wilden steine: 3355
hæt er der niewan eine,
ezn möhtę dehein lîp erwern.
irn dürfet dingen noch gern
daz wir in lebenden vinden:
enwær er von kalten winden   3360
und von froste niht verderbet,
der hunger heten ersterbet.'
    Nu erkanden sî den gotes gewalt
sô starken und sô manecvalt,
ob er sîn geruochte pflegen,   3365
daz in harte wol sîn segen
gefristę vor aller freise.
ûf die kurzen reise
sô wart er tiure gemant:
die gelobte er in ze hant.   3370
    Des morgenes vil vruo
kêrtęn sî dem wilden steine zuo.
dô sî mit arbeiten
die boume zuo bereiten
daz si ûf den stein quâmen   3375
und des war nâmen
wâ Grêgôrjus wære,
der lebende marterære,
ein harte schœne man,
dem vil lützel iender an   3380
hunger ode frost schein
oder armuot dehein,
von zierlîchem geræte
an lîbe und an der wæte,
daz niemen deheine   3385

von edelem gesteine
von sîden und von golde
bezzer haben solde,
wol ze wunsche gesniten,
der mit lachenden siten   3390
mit gelphen ougen gienge
und liebe vriunt enpfienge,
mit goltvarwen hâre,
daz iuch in ze wâre
ze sehenne luste harte,   3395
mit wol geschornem barte,
in allen wîs alsô getân
als er ze tanze solde gân,
mit sô gelîmter beinwât
sô zî zer werlde beste stât,   3400
den enfunden sî niender dâ:
er mohte wol wesen anderswâ.
   Ich sage iu waz si funden.
dô si suochen begunden
ûf dem wilden steine,   3405
der guote und der reine
der wart ir schiere innen.
nu wolde er in entrinnen:
wan sîn scham diu was grôz,
er was nacket unde blôz.   3410
nu mohter niht loufen drâte,
wand er gebende hâte
an ietwederem beine.
er viel zuo dem steine:
sus wolde er sich verborgen hân.   3415
dô er sî sach zuo im gân,
dô brach er für die scham ein krût.
sus funden sî den gotes trût,
einen dürftegen ûf der erde,
ze gote in hôhem werde,   3420
den liuten widerzæme,
ze himel vil genæme.
   Der arme was ze wâre
erwahsen von dem hâre,

verwalken zuo der swarte, 3425
an houbet unde an barte:
ê was ez ze rehte reit,
nu ruozvar von der arbeit.
ê wâren im diu wangen
mit rœte bevangen 3430
mit gemischter wîze
und veiz mit guotem vlîze,
nu swarz und in gewichen,
daz antlütze erblichen.
ê wâren im für wâr 3435
diu ougen gelpf unde clâr,
der munt ze freuden gestalt,
nu bleich unde kalt,
diu ougen tief trüebe und rôt,
alz ez der mangel gebôt, 3440
mit brâwen behangen
rûhen unde langen;
ê grôz ze den liden allen
daz vleisch, nu zuo gevallen
unze an daz gebeine: 3445
er was sô glîche kleine
an beinen unde an armen,
ez möhte got erbarmen.
    Dâ im diu îsenhalte lac
beidiu naht unde tac, 3450
dâ het si im ob dem fuoze
das vleisch harte unsuoze
unz an daz bein vernozzen,
sô daz sî was begozzen
mit bluote zallen stunden 3455
von den vrischen wunden.
daz was sîn swerendiu arbeit,
ân ander nôt die er leit.
ich gelîche in disen sachen,
als der ein lîlachen 3460
über dorne spreite:
man möhte im sam gereite
allez sîn gebeine

grôz unde kleine
haben gezalt durch sîne hût.   3465
swie sêre der gotes trût
an dem lîbe wære
verwandelt von der swære,
nu was der heilige geist
dar an gewesen sîn volleist   3470
alsô gänzlichen
daz im niht was entwichen
erne het sîn alten
kunst unz her behalten
von worten und von buochen.   3475
die in dâ vuoren suochen,
als in die hâten gesehen,
als ich iu nu hân verjehen
des lîbes alsô armen,
do begunde er in erbarmen   3480
sô sêre daz der ougen flôz
regens wîs ir wât begôz.
sî beswuoren in bî gote
und bî sînem gebote,
daz er sî wizzen lieze   3485
ob er Grêgôrjus hieze.
    Dô er sô tiure wart gemant,
dô tet er in bekant
daz erz Grêgôrjus wære.
nu sagten si im diu mære,   3490
war umbe si ûz wæren komen,
als ir ê habet vernomen,
als in des nahtes beiden
von gote wart bescheiden,
daz er in hæte genant,   3495
selbe erwelt unde erkant,
und ze rihtærę gesat
hie en erde an sîn selbes stat.
    Als er die botschaft vernam,
wie nâhęn ez sînem herzen quam!   3500
dô sanctę der gotes werde
daz houbet zuo der erde:

mit manegen trahen er dô sprach,
daz er sî nie an gesach
'sît ir kristenliute,   3505
sô êret got hiute
und gêt vil drâte von mir,
wand ich der êren wol enbir
daz mir diu gnâde iht geschehe
daz ich iemen guoter ane sehe   3510
mit sô süntlîchen ougen.
gote enist daz niht tougen,
mîn vleisch ist sô unreine
daz ich billîch eine
belîbe unz an mînen tôt.   3515
daz mir der êwigen nôt
diu sêle über werde,
daz koufe ich ûf der erde.
wære ich bî in hiute,
ez müesen guote liute   3520
enkelten mîner missetât.
sô hôhe sô mîn schulde stât,
sô möhte boum unde gras,
und swaz ie grüenes bî mir was,
dorren von der grimme   3525
mîner unreinen stimme
und von der unsüeze
mîner baren füeze.
daz der süezen weter gruoz,
dâ von diu werlt gestên muoz   3530
und diu heimlîche linde
von regen und von winde
mir sint alsô gemeine
als ob ich wære reine,
und der liehte sunnenschîn   3535
sô deumüete geruochet sîn
daz er mich volleclîchen an
schînet als einen man,
der gnâden wære mîn vleisch unwert.
daz ir mîn ze meister gert,   3540
daz ist ein erdâhter spot.

ich hân umb unsern herren got
verdienet leider verre baz
sînen zornlîchen haz
denne daz er an mich kêre   3545
die gnâde und die êre
die ein bâbest haben sol.
man enbirt mîn ze Rôme wol:
iu wære ze mir niht wol geschehen.
muget ir doch mînen lîp sehen?   3550
der ist so ungenæme,
den êren widerzæme.
wart mir ie herren vuore kunt,
der ist vergezzen ze dirre stunt.
ich bin der liute ungewon: 3555
den bin ich billîchen von.
ir herren nemet selbe war,
mir sint verwandelt vil gar
der sin, der lîp und die site,
die dem von rehte wonent mite   3560
der grôzes gewaltes pflegen sol:
ichn zime ze bâbest niht wol.
vil sæligen liute,
nu lât mir daz hiute
ze einem heile sîn geschehen   3565
daz ir mich hie habt gesehen,
und geruochet iuch erbarmen
über mich vil armen
und gedenket mîn ze gote.
wir haben von sînem gebote,   3570
swer umbe den sündære bite,
dâ lœse er sich selben mite.
nu ist zît daz wir uns scheiden:
waz frumt iu daz beiden?
ir vröut an mir des tiuvels muot.   3575
mîn kurzwîle ist alze guot.
ich bûwe hie zewâre
in dem sibenzehenden jâre,
daz ich nie menschen gesach.
ich fürhte, diu vreude und der gemach   3580

diu ich mit rede mit iu hie hân,
ich müeze ir ze buoze stân
vor im der keine missetât
ungerochen niene lât.'
    Sus stuont er ûf und wolde dan.   3585
dô beswuoren in die zwêne man
alsô verre bî gote
und bî sînem vorhtlîchen gebote
daz er doch stille gesaz
und hôrte ir rede fürbaz.   3590
nu buten sî im beide
mit triuwen und mit eide
der rede solhe sicherheit,
diu im dâ was vür geleit,
daz er sî geloubte baz.   3595
er sprach 'ich was ein vollez vaz
süntlîcher schanden,
dô ich mit disen banden
gestætet wart ûf disen stein,
diu ir hie sehent umb mîniu bein.   3600
[diu ich hie trage mit sorgen,
dô wart alsus geborgen
der slüzzel dâ mit ich dar in
alsô vaste versperret bin:
er wart geworfen in den sê.   3605
der in da warf, der sprach niht mê,
wan sô er in fünde,
sô wære ich âne sünde.]
nu ist niemens sünde alsô grôz,
des gewalt die helle entslôz,   3610
des gnâde sîn noch merre.
ob got unser herre
mîner manegen missetât
durch sînen trôst vergezzen hât,
und ob ich reine worden bin,   3615
des muoz er uns drin
ein rehtez wortzeichen geben,
ode sich muoz mîn leben
ûf disem steine verenden.

er muoz mir wider senden 3620
den slüzzel dâ mit ich dâ bin
sus vaste beslozzen in,
ode ich gerûme ez niemer hie.'
nu viel der vischære an diu knie
mit manegen trahen für in, 3625
er sprach 'vil lieber herre, ich bin
der selbe sündige man
der sich verworhte dar an.
ich arme verlorne
ich enpfie iuch mit zorne. 3630
diz was diu wirtschaft diech iu bôt:
ich gab iu schelten für daz brôt,
ich schancte iu ze vlîze
mit manegem itewîze.
sus behielt ich iuch ein naht 3635
mit unwirde und mit grôzem braht.
alsus bin ich worden alt
daz ich der sünde nie engalt:
ez ist der sêle noch gespart.
ichn genieze danne dirre vart 3640
die ich her mit triuwen hân getân,
sô sol ich wol ze buoze stân.
darnâch volgte ich iuwer bete,
wan daz ichz in hônschaft tete:
ich brâhte iuch ûf disen stein: 3645
alsus beslôz ich iuwer bein
und warf den slüzzel in den sê.
ichn gedâhte an iuch niemmer mê
unz gester mîn sündigiu hant
den slüzzel in einem vische vant. 3650
daz sâhen dise herren wol,
ob ichz mit in erziugen sol.'
    Erntslôz die îsenhalten.
dô teilten die alten
mit im ir pfeflîchiu kleit: 3655
und als er an wart geleit,
mit in fuorten sî dan
disen sündelôsen man

ab dem wilden steine.
nu was vil harte kleine   3660
sînes armen lîbes maht.
nu beliben sî die naht
mit dem vischære.
des jâmer was vil swære.
er suochte buoze unde rât   3665
umb die grôzen missetât
die er vor an im begie,
do er in sô hœnlîche empfie.
nu wuosch diu grôze triuwe
und diu ganze riuwe   3670
und der ougen ünde
den flecken sîner sünde,
daz im diu sêle genas.
    Dannoch dô Grêgôrjus was
in der sünden gewalt,   3675
als iu dâ vor was gezalt,
dô er von sînem gewalte gie
und in der vischære enpfie
in sînem hûs sô swache
und in mit ungemache   3680
des nahtes beriet,
morgen dô er danne schiet,
und er der tavele vergaz,
die wîle er ûf dem steine saz,
sô gemuote in nie mêre   3685
dehein dinc alsô sêre.
nu gedâhte er aber dar an,
und mante den vischenden man
daz er durch got tæte,
ob er sî funden hæte,   3690
daz sî im wider würde,
daz sîner sünden bürde
deste ringer wære.
dô sprach der vischære
    'Leider ichn gesach sî nie.   3695
nu saget, wâ liezet ir sî hie,
ode wie vergâzent ir ir sus?'

'ich lie sî' sprach Grêgôrjus,
'in dem hiuselîne dâ ich slief.
dô man mir des morgens rief,   3700
dô wart mîn angest swære,
daz ich versûmet wære:
ich erschrihtẹ von slâfe und îlte iu nâch,
und wart mir leider alsô gâch
daz ich der tavele vergaz.'   3705
der vischærẹ sprach 'waz hülfe uns daz
ob wir sî suochten? dâ sî lît,
dâ ist sî vûl vor maneger zît.
ouwê, lieber herre mîn,
jâ stuont daz selbe hiuselîn   3710
nâch iu niht zwelf wochen
ê daz ez wart zebrochen:
ich hân ez allez verbrant,
beidiu dach und want.
ich truoc iu dô sô herten muot,   3715
und wære ez gewesen guot
für wint ode für regen,
irn wærẹt dâ inne niht gelegen.
dâ ê daz hiuselîn was,
dâ wahsẹt nu umbederbe gras   3720
nezzeln unde unkrût.'
dô siufte der gotes trût,
got er im sô helfen bat,
erᴅ kœme niemer von der stat,
ob er ir niht funde.   3725`
nu giengen sî zestunde
mit gabeln und mit rechen,
und begunden nâher brechen
daz unkrût und den mist.
nu erzeigte der dâ gnædic ist   3730
an dem guoten Grêgôrjô
ein vil grôzez zeichen dô,
wande er sîne tavel vant
als niuwe als sî von sîner hant
füerẹ der sî dâ worhte.   3735
vreude unde vorhte

heten die daz sâhen.
wande sî des jâhen,
ditze wære ein sælic man.
dâ enlugen sî niht an.   3740
  Dô des morgens ir vart
gegen Rôme erhaben wart,
dô sâhen sî dicke under wegen
daz der gereite gotes segen
disse reinen mannes pflac   3745
mit vlîze naht unde tac.
si geruorte ûf der reise
nie dehein wegefreise:
ir spîse erschoz in alsô wol
daz ir vaz alle wege wâren vol,   3750
swie vil sî drûz genâmen,
unz sî ze Rôme quâmen.
  Von einen gnâden ich iu sage.
vor der kunft drîer tage
dô wart ze Rôme ein michel schal: 3755
sich begunden über al
die glokken selbe liuten
und kunden den liuten
daz ir rihtære
schiere künftic wære.   3760
dâ kôs wîp unde man
sîne heilecheit wol an.
sî fuoren gegen im sâ
engegen Equitânjâ
die drîe tageweide.   3765
sî hâten über heide
einen gotlîchen ruom:
sî truogen ir heiltuom,
wüllîn unde barfuoz.
er hôrte willeclîchen gruoz   3770
an sînem antvange
mit lobe und mit gesange.
  Ez lâgen ûf der strâze
siechen âne mâze:
die kômen dar ûf sînen trôst,   3775

daz sî würden erlôst.
der ernerte sîn segen
harte manegen under wegen.
swen er dâ beruorte,
dâ man in hin fuorte,　　　　　　　3780
sîn guot wille ode sîn hant,
sîn wort ode sîn gewant,
der wart dâ zestunt
von sînem kumber gesunt.
　Rôme diu mære　　　　　　　3785
enpfie ir rihtære
mit lachendem muöte.
daz kom ir zallem guote:
wande ez enwart dâ ze stat
nie bâbest gesat　　　　　　　3790
der baz ein heilære
der sêle wunden wære.
　Er kunde wol ze rehte leben,
wan im diu mâze was gegeben
von des heilẹgen geistes lêre.　　　　　　　3795
des rehten huote er sêre.
ez ist reht daz man behalte
deumüete in gewalte
(dâ genesent die armen mite),
und sol doch vrevellîche site　　　　　　　3800
durch die vorhte erzeigen
und die mit rehte neigen
die wider dem rehten sint.
ob aber ein des tievels kint
durch die stôle niene tuo,　　　　　　　3805
dâ hœret dannẹ gewalt zuo.
des sint diu zwei gerihte guot:
sî lêrẹnt reht und slahent hôhen muot.
man sol dem sündære
ringen sîne swære　　　　　　　3810
mit senfter buoze,
daz im diu riuwe suoze.
daz reht ist alsô swære,
swer dem sündære

ze vaste wil nâch jagen,   3815
dazn mac der lîp niht wol vertragen.
ob er genâde suochen wil,
gît man im gâhes buoze vil,
vil lîhte ein man dâ von verzagt,
daz er sich aber got entsagt   3820
und wirt wider des tievels kneht.
dâ von gêt gnâde für daz reht.
sus kunde er rehte mâze geben
über geistlîchez leben,
dâ mit der sündærę genas   3825
und der guote stæte was.
von sîner starken lêre
sô wuohs diu gotes êre
vil harte stärclîche
in rœmischem rîche.   3830
    Sîn muoter, sîn base, sîn wîp
(diu driu heten einen lîp),
dô sî in Equitânjam
von dem bâbest vernam
daz er sô gar wære   3835
ein trôst der sündære,
dô suochte sî in durch rât
umbe ir houbetmissetât,
daz sî der sünden bürde
von im entladen würde.   3840
unde dô sî in gesach
und im ir bîhte vor gesprach,
nu was dem guoten wîbe
von des bâbestes lîbe
ein unkundez mære   3845
daz er ir sun wære:
ouch het sî an sich geleit
die riuwe und die arbeit,
sît sî sich schieden beide,
daz ir der lîp von leide   3850
entwichen was begarwe
an krefte und an varwe,
daz er ir niht erkande

unz sî sich im nande
und daz lant Equitânjam.   3855
dô er ir bîhte vernam,
dône bejach si im anders niht
niewan der selben geschiht
diu im ouch ê was kunt:
dô erkande er zestunt,   3860
daz sî sîn muoter wære.
der guote und der gewære
der vreute sich ze gote,
daz sî sînem gebote
alsô verre under lac: 3865
wande er sach wol daz sî pflac
riuwe und rehter buoze.
mit willeclîchem gruoze
enpfie er sîne muoter dô
und was des herzenlîchen vrô   3870
daz im diu sælde geschach
daz er sî vor ir ende sach
und daz er sî alten
muose behalten
und geistlîchen rât geben   3875
über sêle und über leben.
     Dannoch was ir daz unkunt,
gesach si in ie vor der stunt.
mit listen sprach er dô zuo ir
'vrouwe, durch got, nu saget mir,   3880
habt ir sît iht vernomen
war iuwer sun sî komen,
weder er sî lebende ode tôt?'
do ersiufte sî (des gie ir nôt),
sî sprach 'herre, nein ich.   3885
ich weiz wol, er hât an sich
von riuwen solhe nôt geleit,
ichn verneme es rehte wârheit,
sone gloube ich niht daz er noch lebe.'
er sprach 'ob daz von gotes gebe   3890
immer möhte geschehen
daz man in iuch lieze sehen,

nu saget wie, getriuwet ir doch
ob ir in erkandet noch?'
si sprach 'mich entriege mîn sin,   3895
ich erkande in wol, und sæhe ich in.'
   Er sprach 'nu saget des ich iuch bite,
weder wære iu dâ mite
liep ode leit geschehen,
ob ir in müeset sehen?'   3900
si sprach 'ir muget wol nemen war,
ich hân mich bewegen gar
lîbes unde guotes,
vreuden unde muotes
gelîch einem armen wîbe: 3905
mirn möhte ze disem lîbe
dehein vreude mê geschehen,
niewan diu müese ich in sehen.'
   Er sprach 'sô gehabt iuch wol,
wand ich iu vreude künden sol.   3910
es ist unlanc daz ich in sach
und daz er mir bî gote jach
daz er keinen vriunt hæte
ze triuwen und ze stæte
liebern danne iuwern lîp.'   3915
'genâde herre,' sprach daz wîp,
'lebet er noch?' 'jâ er'. 'nu wie?'
'er gehabt sich wol unde ist hie.'
'mag ichn gesehen, herre?'
'jâ, wol: er ist unverre.'   3920
'herre, sô lât mich in sehen.'
'vrouwe, daz mac wol geschehen:
sît daz ir in sehen welt,
sô ist unnôt daz ir des twelt.
   Vil liebiu muoter, seht mich an: 3925
ich bin iuwer sun und iuwer man.
swie grôz und swie swære
mîner sünden last wære,
des hât nu got vergezzen,
und hân alsus besezzen   3930
disen gewalt von gote.

ez kom von sînem gebote
daz ich her wart erwelt:
alsus hân ich im geselt
beidiu sêle unde lîp.'   3935
sus wart daz gnâdelôse wîp
ergetzet ir leides gar.
got sante sî wunderlîchen dar
ze vreuden in beiden.
sus wârens ungescheiden   3940
unze an den gemeinen tôt.
als ir Grêgôrjus gebôt
und ir ze büezenne riet,
dô er von ir lande schiet,
mit lîbe und mit guote,   3945
mit beitendem muote,
daz hâte sî geleistet gar
sô daz ir niht dar an war.
swaz sî ouch jâre sît vertriben
sît sî ze Rôme ensamt beliben,   3950
diu wâren in beiden
ze gote alsô bescheiden
daz sî nu iemmer mêre sint
zwei ûz erweltiu gotes kint.
ouch erwarp er sînem vater daz   3955
daz er den stuol mit im besaz
dem niemer vreude zergât:
wol im der in besezzen hât.
    Bî disen guoten mæren
von disen sündæren,   3960
wie sî nâch grôzer schulde
erwurben gotes hulde,
dâ ensol niemer an
dehein sündiger man
genemen bœsez bilde,   3965
sî er gote wilde,
daz er iht gedenke alsô
'nu wis du vrävel unde vrô:
wie soldest du verwâzen wesen?
sît daz dise sint genesen   3970

nâch ir grôzen meintât',
sô wirt dîn alsô guot rât:
und ist daz ich genesen sol,
sô genise ich alsô wol.'
swen des der tiuvel schündet,   3975
daz er ûf den trôst sündet,
den hât er überwunden,
und in sînen gewalt gebunden:
und ist ouch sîn sünde kranc,
sô kumt der selbe gedanc   3980
mit tûsentvalter missetât,
und wirt sîn nimmer mêre rât.
dâ sol der sündige man
ein sælic bilde nemen an,
swie vil er gesündet hât,   3985
daz sîn doch wirt guot rât,
ob er die riuwe begât
und rehte buoze bestât.
   Hartman, der sîn arbeit
an diz buoch hât geleit   3990
got und iu ze minnen,
der gert dar an gewinnen
daz ir im lât gevallen
ze lône von iu allen
die ez hœren oder lesen,   3995
daz sî im bittende wesen
daz im diu sælde geschehe
daz er iuch noch gesehe
in dem himelrîche.
des sendet alle gelîche   4000
disen guoten sündære
ze boten umb unser swære,
daz wir in disem ellende
ein alsô genislîch ende
nemen als sî dâ nâmen.   4005
des gestiure uns got. âmen.

Druck von Ehrhardt Karras, Halle a. S.